ALFREDO GAUDINO

LA BIBBIA DEI RICORSI

Tecniche e Strategie Pratiche Per Presentare Un Ricorso Efficace e Cancellare Multe In Maniera Etica e Perfettamente Legale

Titolo

"LA BIBBIA DEI RICORSI"

Autore

Alfredo Gaudino

Editore

Bruno Editore

Sito internet

http://www.brunoeditore.it

Sommario

Introduzione

Sai che puoi evitare di pagare le multe? Sai che siamo il paese più multato al mondo? Sai che siamo l'unico paese europeo dove, se non paghi le multe nei tempi richiesti, gli importi aumentano a dismisura sino a triplicare?

Con la scrittura di questo libro intendo darti uno strumento pratico e di facile consultazione che ti aiuterà, come utente della strada, a comprendere meglio quali siano i tuoi diritti e come questi spesso vengano violati.

Lo dico sia come ex appartenente alla Polizia di Stato, nella quale ho militato per oltre quindici anni, sia come profondo conoscitore del contenzioso stradale, per avere approfondito queste tematiche negli ultimi dieci anni, aiutando persone come te a cancellare più di 15.000 multe.

Prima di iniziare insieme questo percorso, che ti aiuterà a conoscere i motivi che ti consentono di sottrarti al pagamento di una multa, io e tutto lo staff di <u>cancellamulte.com</u> **ti invitiamo ad agire sempre con la massima correttezza quando sei alla guida**, al fine di garantire il rispetto e la sicurezza di tutti gli utenti della strada, te compreso, e di tutti coloro che, quotidianamente, con il loro lavoro, operano per sorvegliare la circolazione stradale, vigilare sul rispetto delle regole e controllare che la vita di ciascun utente della strada sia il più possibile sicura.

Devi sapere, comunque, che esistono molteplici elementi che viziano e rendono nulla una multa, ed è per questa ragione che ti consiglio di controllare sempre con estrema attenzione la contravvenzione (multa) che ricevi a casa, presso il tuo ufficio o la sede della tua azienda, poiché potrebbe accadere, **più spesso di quanto immagini**, che sia illegittima.

Proprio quest'ultima considerazione mi dà l'opportunità di condividere con te le ragioni per cui ritengo **giusto ed eticamente corretto** decidere di fare ricorso, come previsto e consentito dalla legge, con l'obiettivo di non pagare una (o più multe), indipendentemente dalla *presunta* infrazione commessa.

Lo scopo di questo libro è farti conoscere, con modalità semplici e accessibili, le regole e le norme giuridiche contenute nel Codice della Strada, i diritti che la legge riconosce e tutela in favore degli utenti e, di conseguenza, i **numerosi casi** in cui, una violazione del Codice della Strada, **seppure effettivamente commessa dall'utente** e sanzionata, possa essere annullata attraverso i ricorsi perché **priva dei requisiti previsti e richiesti dalla legge**.

Il servizio offerto dal nostro portale online cancellamulte.com, dunque, non rappresenta uno strumento o un incentivo a infrangere il Codice della Strada, né tantomeno intende offrire strumenti di difesa a coloro i quali, in modo spregiudicato e disinvolto, non rispettano le regole della convivenza civile, contribuendo gravemente ad aumentare i pericoli connessi alla circolazione stradale. Presentare un ricorso per non pagare una multa **concretizza un modo legittimo e corretto di utilizzare le norme che la LEGGE mette a disposizione** per contestare tutte quelle multe (centinaia di migliaia) che presentano vizi di natura sia formale sia sostanziale che le rendono illegittime.

Quando può intendersi illegittima una multa? Nel vocabolario della lingua italiana, alla voce "illegittimo" si legge: **illegìttimo** agg. [dal lat. *illegitĭmus*, comp. di *in-2* e *legitĭmus* «legittimo»]. – **1.** *Che non ha le qualità o le condizioni richieste dalla legge (o da determinate norme) per essere riconosciuto giuridicamente valido* [fonte: Treccani.it].

Secondo questa definizione, è dunque chiaro che proporre uno dei nostri ricorsi significa chiedere e ottenere l'annullamento di tutte quelle multe «*che non hanno le qualità o le condizioni richieste dalla legge (o da determinate norme) per essere riconosciute come giuridicamente valide*», utilizzando tutti gli strumenti giuridici che la **legge** mette a disposizione! Ti **aiuto** a esercitare correttamente un **tuo diritto**. *Il tutto nella legalità e nel rispetto delle leggi!*

Capitolo 1:
Il mercato delle multe

Come ho già detto, accade frequentemente che una multa contenga vizi formali e/o sostanziali che la rendono illegittima, potenzialmente nulla, annullabile o inefficace. Pertanto diviene spontaneo porsi queste domande:

- Per quale ragione, la Polizia Municipale, i Carabinieri, la Polizia di Stato o la Polizia Provinciale e chiunque altro abbia compiti di Polizia Stradale *regolarmente attribuiti* dalla legge, e il cui fine istituzionale è quello di garantire il rispetto e la tutela delle norme giuridiche, molto spesso adottano misure contrarie alle leggi?

- Per quale ragione gli errori ricorrenti che questi soggetti preposti commettono nell'irrogare una sanzione non vengono modificati e neutralizzati alla luce delle migliaia di ricorsi che tutti i giorni aiutiamo a inviare per sanzioni viziate nella forma e/o nella sostanza?

Le risposte a queste domande, di per sé molto complesse, difficilmente potrebbero essere prese compiutamente in esame in questo libro. Tuttavia, a mio avviso la ragione primaria da opporre a queste contraddizioni può *riassumersi* nel fatto che le pubbliche amministrazioni, molto spesso al centro della cronaca per cattiva gestione e sprechi di risorse economiche e finanziarie, hanno (e avranno sempre) la necessità di risanare i loro dissesti finanziari e i buchi di bilancio creati.

Nel corso del tempo, uno dei modi individuati per ripianare le perdite di bilancio, in via continuativa, è stato quello di concentrare l'attenzione sui cittadini automobilisti, utilizzando mezzi tecnologici sempre più sofisticati per il controllo della circolazione stradale e idonei a rilevare e ad accertare numerose violazioni al Codice della Strada, con la giustificata convinzione che ciò sia necessario per "*il bene e la sicurezza dei cittadini*" e, con la conseguenza (percepita come il male minore) che per tale ragione sia indispensabile soggiacere alle continue richieste di pagamento per multe irrogate che, di fatto, *nulla hanno realmente a che fare con la sicurezza.*

Basti pensare che, solo a Milano, sono state contate e irrogate **nel corso dell'anno 2018, *3 milioni, 436 mila e 985 multe*.** Hai letto bene! TRE MILIONI QUATTROCENTO TRENTA SEI MILA NOVECENTO OTTANTACINQUE MULTE.

Sono dati che fanno comprendere come, nonostante da una parte le multe siano in continuo aumento, dall'altra tale incremento *non è associabile ad alcuna crescita del livello di sicurezza nella circolazione stradale, né ha determinato alcun miglioramento delle condizioni di traffico all'interno dei centri abitati e/o della fruizione e gestione dei parcheggi. Anzi, si potrebbe tranquillamente affermare l'esatto contrario.*

Quali sono dunque le ragioni per le quali le amministrazioni non aggiustano il tiro dopo i tanti ricorsi ricevuti? Molto spesso mi sono posto questa domanda e l'unica spiegazione che sono risuscito a darmi ha attinenza esclusivamente con i numeri. Sono infatti giunto alla conclusione che, per quanti ricorsi vengano inviati – *anche grazie alle richieste gestite e coordinate tramite il sito* cancellamulte.com *–, questa azione, rispetto all'effettivo numero di multe generate, può solo scalfire, in modo del tutto marginale, il*

11

fatturato generato dai costanti e ripetuti accertamenti effettuati dalle Forze dell'Ordine.

Il numero di ricorsi accolti e vinti per vizi formali e/o sostanziali riscontrati nelle multe irrogate rappresentano un risultato economicamente irrilevante per il bilancio dell'ente accertatore, sebbene per te che proponi il ricorso si determini un risparmio effettivo che va da un minimo del 70% dell'importo sanzionato, se utilizzi il nostro servizio cancellamulte.com, a un massimo del 100% se il ricorso lo fai da te, in piena autonomia.

Ti invito, infine, a fare un'ulteriore considerazione. L'introduzione della famigerata AREA ECOPASS prima, dell'AREA C successivamente, dell'AREA B (la cui entrata in vigore è programmata per il 21.01.2019) e delle varie Ztl (Zone a Traffico Limitato) può avvenire sulla base di poteri straordinari che l'art. 7 del C.d.S. (Codice della Strada) concede ai sindaci e tali poteri non sempre vengono esercitati nei limiti delle attribuzioni previste dalle leggi.

Al tempo stesso, il problema di un'accettabile fruibilità delle città, di un'ordinata circolazione degli autoveicoli e di un livello di sicurezza adeguato e compatibile con la libera e tranquilla circolazione dei cittadini è ben lontano dal trovare una soluzione valida e definitiva. Ciò che, di contro, sappiamo con certezza è che tutti noi siamo quotidianamente vessati da **continue**, **irragionevoli**, **ingiustificate** richieste di pagamento che indossano il temuto abito delle multe e che, per la maggior parte, sono, come anche tu stai per scoprire, illegittime oltre che ingiuste.

RIEPILOGO DEL CAPITOLO 1:

- SEGRETO n. 1: i Comuni usano le multe per risanare i buchi di bilancio e fare "cassa".

- SEGRETO n. 2: le multe possono contenere errori di natura formale e sostanziale ed essere emesse senza rispettare le leggi.

- SEGRETO n. 3: non esiste una reale relazione tra multe emesse e sicurezza o benefici nella circolazione; se prendi una multa per divieto di sosta per assenza di parcheggi, o per accesso in una Ztl, qual è il contributo alla sicurezza? Nessuno.

Puoi accedere alla nostra consulenza gratuita in qualsiasi momento, vai su cancellamulte.com e segui le istruzioni per chiamarci, scrivici a info@cancellamulte.com. o contattaci su whatsapp al numero +39 391 4627497.

Capitolo 2:
Come presentare un ricorso efficace

Cos'è un verbale di infrazione al Codice della Strada

È un atto amministrativo con il quale il pubblico ufficiale (Polizia Stradale, Carabinieri, Guardia di Finanza, Polizia Municipale e altri agenti di Polizia Giudiziaria – art. 12 C.d.S.) contesta una violazione all'utente della strada che presumibilmente non ha rispettato le regole.

Qualora la presunta violazione commessa comporti una sanzione penale (ammenda o multa), l'atto amministrativo assume connotazione penale.

Contenuto del verbale contestato

Per essere valido a tutti gli effetti di legge, il verbale deve contenere:

• data;

• ora;

- luogo (comune e provincia, via e numero civico) dove è stata commessa l'infrazione;
- tipo di veicolo e targa;
- indicazione degli agenti che lo redigono e relativa qualifica;
- generalità complete del trasgressore;
- generalità del proprietario del veicolo;
- articolo (e relativo comma) della norma che si assume violata;
- descrizione sintetica della norma violata;
- eventuali dichiarazioni del trasgressore (solo per le contestazioni immediate);
- importo da pagare e modalità di pagamento;
- ufficio competente e abilitato a ricevere il pagamento;
- termini entro cui poter fare ricorso;
- autorità competenti a cui proporre opposizione o ricorso;
- firma degli agenti accertatori;
- firma del trasgressore, che si può anche rifiutare (solo per le contestazioni immediate).

Nota: la mancanza anche di un solo requisito può comportare l'annullamento del verbale.

Verbale: atto pubblico e fede privilegiata (IMPORTANTE)

In generale, il verbale di accertamento (*soprattutto quando ci fermano*) gode della c.d. "fede privilegiata", in quanto costituisce un atto pubblico (art. 2700 c.c.). Ciò significa che quello che i Vigili, o gli altri operatori autorizzati al servizio di Polizia Stradale, scrivono è vero "per legge" fino a querela di falso. Pertanto, anche solo per metterne in discussione il contenuto e/o gli accadimenti così come il/i pubblico/i ufficiale/i li ha/hanno rappresentati, è NECESSARIO **querelare per falso** chi/coloro che ha/hanno sottoscritto il verbale.

È evidente dunque che, in assenza di testimoni, diventa complicato poter sostenere qualcosa di diverso da quello che è stato scritto e verbalizzato dal pubblico ufficiale, senza dimenticare altresì che attivare la macchina della giustizia in ambito penale, come sarebbe necessario per la querela di falso, potrebbe significare dover svolgere attività onerose sia in termini di tempo sia in termini economici.

Consigliamo pertanto di ponderare a dovere tale scelta nel caso si pensasse di scegliere questa modalità operativa. Ricordiamo che

17

puoi sempre rivolgerti a info@cancellamulte.com per un avere parere *gratuito* in qualsiasi momento.

Come, quando e a chi presentare ricorso

Per le opposizioni alle ingiunzioni amministrative (le multe) non è necessaria la presenza o l'assistenza di un avvocato; si può, infatti, agire anche in proprio. In particolare, se ti avvali del servizio offerto dal nostro portale **cancellamulte.com, dopo aver inviato la documentazione riguardante la tua multa, dovrai semplicemente attendere che il ricorso ti venga inviato in formato pdf nella tua casella email e, dopo averlo stampato, letto e firmato, potrai spedirlo seguendo le istruzioni anch'esse allegate.**

Vi sono tuttavia delle precise condizioni in assenza delle quali il ricorso non potrà essere proposto:

- la multa NON deve essere stata già pagata;
- non devono essere decorsi i termini per fare ricorso: *30 gg. (trenta giorni) per ricorrere al Giudice di Pace e 60 gg. (sessanta giorni) per ricorrere al Prefetto.* I termini indicati decorrono sempre dalla data di notifica dell'atto da impugnare;

ti segnaliamo che la data di notifica potrebbe NON coincidere con la data di ritiro (se hai dubbi sulla data di notifica contattaci: info@cancellamulte.com e saremo lieti di darti gratuitamente il supporto necessario).

Prefetto o Giudice di Pace? Mettiamoli a confronto

Il nostro consiglio è sempre quello di tentare *in primis* il ricorso al **Prefetto**.

La scelta di rivolgersi al Prefetto, oltre a trovare spiegazione nel fatto che abbiamo una statistica pluriennale (con riferimento alle città di Milano, Roma e Napoli) di migliaia di ricorsi presentati e vinti, è da preferire per le seguenti ragioni:

- è **più economica** in quanto ci limitiamo a spedire il ricorso con una raccomandata postale A/R (con ricevuta di ritorno), a mano o via PEC (in questi casi non sarà necessario nemmeno sostenere le spese di spedizione postale);

- è **più facile da gestire in ordine alla quantità di tempo dedicato** e inoltre **lascia comunque aperta la strada a un'altra possibilità**. Infatti, se il ricorso non dovesse essere accolto, potrà ancora essere presentato un nuovo ricorso al

Giudice di Pace (ti segnaliamo che da noi il secondo ricorso NON lo paghi, è **sempre gratuito**).

Per il **Giudice di Pace**, invece le cose cambiano. Innanzitutto è opportuno fare un piccolo passo indietro e ricordare che, con l'approvazione della Legge Finanziaria del 2010, il governo ha ritenuto di assoggettare i ricorsi avverso le sanzioni al Codice della Strada al pagamento del c.d. Contributo Unificato e della marca da bollo, a titolo di rimborso forfettario delle spese processuali.

La novità normativa è stata introdotta modificando il D.P.R. n. 115/2002 che ne disciplinava le spese, a far data dal 1 gennaio 2010. Prima del 2010, infatti, il ricorso al Giudice di Pace era *gratuito*. Esatto, hai letto bene!

Per presentare il ricorso non si pagava nulla e il tempo a nostra disposizione per farlo era sempre di 60 gg. (sessanta giorni) come per quello al Prefetto. Tuttavia l'introduzione della nuova norma – che a mio avviso ha letteralmente compresso il diritto di difesa del cittadino, in spregio assoluto dell'art. 24 della Costituzione – non solo ha introdotto una fastidiosa e obbligatoria **tassa** (cosiddetto

Contributo Unificato, che va da un importo minimo di **43,00 euro, fino a 1.100 euro**) il cui importo è calcolato in misura proporzionale al valore della causa, anche per i ricorsi aventi a oggetto le sanzioni amministrative per le violazioni del Codice della Strada, ma ha anche **ridotto drasticamente a 30 gg.** (trenta giorni) il tempo a disposizione per proporre opposizione.

Cosa ha determinato questo nuovo sistema di gestione? Se, ad esempio, riceviamo una multa illegittima relativa a un divieto di sosta (ricordiamoci che i pagamenti delle multe per divieto di sosta, per la maggior parte dei Comuni, costituiscono una delle voci più rilevanti a bilancio), dell'importo di 55,00 euro, solo per poter presentare ricorso al Giudice di Pace sarà necessario pagare 43,00 euro! Risulta pertanto evidente che lo scopo della norma è quello di DISINCENTIVARE le opposizioni attivabili con i ricorsi allo scopo *di "obbligare"* noi cittadini a pagare le sanzioni sempre e comunque anche quando ingiuste e NON dovute.

N.B. Il Giudice di Pace, dopo aver ricevuto il ricorso, fissa la data della prima udienza alla quale si è **obbligati** a presenziare (personalmente o tramite persona delegata, ovvero munita di apposita procura) pena il rigetto del ricorso, a norma dell'art. 23 della Legge 689/1981, secondo la quale l'assenza del ricorrente in udienza deve intendersi come implicito atto di rinuncia all'opposizione.

In tal caso, abbiamo **un'unica possibilità**. Infatti, se perdiamo si potrà appellare la sentenza soltanto avanti al Giudice Ordinario presso il Tribunale e, questa volta, esclusivamente con l'assistenza di un avvocato, il cui costo, assieme al potenziale esborso economico da sostenere, quasi mai giustificherebbe l'azione intrapresa.

Cosa succede dopo che ho presentato il ricorso al Prefetto?
Il Prefetto, se decide di non accogliere il ricorso, lo deve fare in forma scritta inviandoci un apposito atto. Per l'emissione dell'ordinanza-ingiunzione (così si chiama l'atto con cui il Prefetto eventualmente rifiuta il tuo ricorso), ha a disposizione **330 gg.** o **360 gg.**, a seconda di come viene inviato il ricorso:

- **1° termine da verificare.** Se il ricorso è inviato al Prefetto tramite l'ente che ha emesso la sanzione, la data sull'atto, per essere valida, non può superare **180 gg.** da quella della ricezione del tuo ricorso, ovvero **210 gg.** se il ricorso è inviato direttamente al Prefetto.

- **2° Termine da verificare**. L'ordinanza con cui il ricorso è respinto **DEVE SEMPRE** essere notificata entro **150 gg.** dalla data di emissione. Il mancato rispetto delle date come rappresentate, anche singolarmente, è motivo sufficiente per chiedere al Giudice di Pace l'annullamento. (Ti assicuro e garantisco che è una cosa che capita molto spesso e che in presenza di queste condizioni il Giudice di Pace non può far altro che decidere in tuo favore!).

Decorso questo tempo senza che vengano effettuate comunicazioni, il ricorso si intenderà accolto per silenzio-assenso.

Va precisato che, quando il Prefetto respinge il ricorso, la sanzione che ci viene chiesto di pagare RADDOPPIA automaticamente rispetto all'importo iniziale. Lo scenario, in questo caso, sarebbe il seguente:

1. pagare la multa raddoppiata;
2. fare un ulteriore ricorso al Giudice di Pace (ricorso la cui redazione sarà **GRATUITA** se il ricorso al Prefetto è stato

gestito tramite il sito cancellamulte.com, per effetto dell'applicazione della nostra garanzia) nel quale, oltre a riproporre i motivi di opposizione già esposti al Prefetto (perché, ad esempio, non sono stati tenuti in debita considerazione), si entrerà nel merito dell'ordinanza-ingiunzione evidenziando eventuali vizi di forma e/o legittimità come quelli appena citati.

Se mi oppongo al rigetto del Prefetto (ordinanza-ingiunzione della multa raddoppiata), cosa mi devo aspettare?

Il Giudice di Pace a questo punto potrà fare tre cose:

1. accogliere il ricorso e annullare tutto il procedimento.
2. confermare la sanzione riportandola all'importo originario (eliminando così l'importo raddoppiato, a patto che sia richiesto esplicitamente nel ricorso in subordine all'annullamento totale);
3. confermare la sanzione raddoppiata del Prefetto.

Nella stragrande maggioranza dei casi da noi gestiti o abbiamo vinto e annullato il procedimento o quantomeno abbiamo riportato la sanzione all'importo originario eliminando di fatto il raddoppio del Prefetto.

RIEPILOGO DEL CAPITOLO 2:

- SEGRETO n. 1: per difenderti dalle multe puoi rivolgerti al Prefetto (entro sessanta giorni dalla notifica) o al Giudice di Pace (entro trenta giorni dalla notifica).

- SEGRETO n. 2: il ricorso al Prefetto è da preferire perché, se lo perdi, potrai sempre rivolgerti al Giudice di Pace inserendo tutti i vizi che il rigetto contiene, oltre a riproporre i motivi di ricorso che non sono stati tenuti in debita considerazione.

- SEGRETO n. 3: anche se il Prefetto respinge, ci sono numerosi vizi di forma e di sostanza che puoi mettere in evidenza nell'atto che ricevi per il ricorso perso.

Puoi accedere alla nostra consulenza gratuita in qualsiasi momento, vai su cancellamulte.com e segui le istruzioni per chiamarci o scrivici a info@cancellamulte.com

Capitolo 3:
Come rendere nullo un verbale

Ci sono due macro aree per valutare su cosa fondare la nostra difesa:

- **vizi del verbale;**
- **vizi di notifica.**

Il ricorso avverso una sanzione amministrativa – che puoi scaricare e ricevere tramite il nostro portale cancellamulte.com – consta di due parti: una parte che analizza i vizi del verbale e un'altra parte che esamina la correttezza della notifica. Potranno variare in relazione al tipo di vizio (ce ne sono a centinaia) che inficia il verbale, che sia stato contestato nell'immediato o notificato successivamente.

I vizi del verbale

Il verbale è **NULLO nelle seguenti ipotesi**:

- quando sul modulo notificato manca l'attestazione che lo

26

stesso è conforme a quello depositato in originale, nonché la certificazione di autentica apposta dal capo dell'ufficio;

- quando il verbale è stato redatto a mano e consegnato direttamente al trasgressore, qualora risulti privo della sottoscrizione da parte dell'organo accertatore;

- quando il verbale è redatto a mano e notificato per posta, qualora manchi la sottoscrizione dell'organo accertatore;

- quando è redatto elettronicamente, qualora manchi l'autentica della firma elettronica;

- quando manca l'intestazione dell'ufficio o del comando di provenienza;

- quando è sottoscritto da un agente diverso da quello presente al momento della contestazione dell'infrazione e non è stato specificato che l'agente accertatore fa parte dello stesso ufficio dell'agente che ha sottoscritto il verbale; inoltre, in questo caso, deve essere specificato il motivo per cui non è stato sottoscritto dall'agente accertatore; in assenza di tale specificazione, si rientra nella precisa ipotesi di incompleta verbalizzazione che assume rilievo ai fini dell'attendibilità delle affermazioni ivi contenute;

- quando mancano l'indicazione della norma violata e del fatto sanzionato;

- quando manca il luogo della commessa infrazione e non vi siano informazioni necessarie a individuarla esattamente;

- quando manca l'indicazione delle informazioni obbligatorie riguardo l'Autorità alla quale proporre l'opposizione e i termini entro i quali proporla;

- quando manca l'ora esatta della commessa violazione (tale condizione vale per alcuni tipi di violazione, ad esempio per la sosta a pagamento);

- quando è indicata la doppia ora;

- quando è indicata la doppia data;

- quando mancano le informazioni che prevedono la possibilità di provvedere al pagamento in misura ridotta e/o agevolata, entro 5 gg. dalla data di notifica;

- quando, nel caso di contestazione immediata, mancano le dichiarazioni dell'interessato;

- quando manca l'indicazione della somma da pagare;

- qualora non sia stata possibile la contestazione immediata del verbale notificato, deve essere indicata la motivazione dell'impossibilità (non è sufficiente indicare semplicemente: impossibilità di raggiungere il veicolo, oppure impossibilità di fermare il veicolo per ragioni di traffico);

- quando il verbale è scritto in modo poco chiaro, confuso e illeggibile, impedendosi così l'individuazione degli elementi essenziali;

- quando il verbale è redatto da un agente senza qualifica, dovrà risultare il titolo in base al quale quel soggetto ha comunque emesso la multa; in mancanza di tale specificazione, il verbale è nullo;

- quando il verbale è redatto da un agente fuori dalla sua zona di competenza e/o di attribuzione;

- quando il verbale è redatto fuori dalla competenza di assegnazione, sia quando nel verbale è specificata una zona di competenza diversa da quella in cui è stata fatta la multa, sia quando nel verbale non è specificato nulla circa la zona di competenza;

- quando il verbale non riporta la causa della mancata sottoscrizione da parte dell'accertatore;

- quando il verbale non è conforme al modello previsto dal regolamento;

- quando il verbale trascrive una norma senza a essa imputare un fatto, ovvero non dà la possibilità di individuare con precisione la specifica violazione commessa e quindi il fatto contestato.

RIEPILOGO DEL CAPITOLO 3:

- SEGRETO n. 1: ci sono due grandi macro aree che interessano la stesura dei ricorsi: i *vizi del verbale* e i *vizi di notifica*.
- SEGRETO n. 2: sono centinaia gli aspetti che devono essere valutati e che puoi usare per difenderti.
- SEGRETO n. 3: se leggi con attenzione e segui le indicazioni, puoi capire se hai motivazioni idonee a supporto della tua difesa.

Puoi accedere alla nostra consulenza gratuita in qualsiasi momento, vai su cancellamulte.com e segui le istruzioni per chiamarci o scrivici a info@cancellamulte.com o contattaci su whatsapp al numero +39 391 4627497.

Capitolo 4:
Il ricorso per divieto di sosta

LA FERMATA E LA SOSTA

La *fermata* si svolge per un tempo breve, il conducente è sempre presente in auto, per consentire la salita e la discesa delle persone o per altre esigenze di brevissima durata (art. 157 C.d.S.); la *sosta* si ha quando si lascia la vettura, *il motore è spento e tale stato si prolunga nel tempo.*

Nota bene: *la regola generale è che vige il principio della LIBERTÀ DI SOSTA, per cui laddove non c'è un divieto si può sostare e fermarsi a piacimento. Ovviamente ciò può avvenire con comportamenti che siano sempre in sintonia con il rispetto delle generali regole di civiltà.*

Quanto alla sosta a pagamento, non è lontano dal vero definirla una trovata che, senza nulla garantire in termini di utilità, di fatto obbliga l'automobilista al pagamento di un **pedaggio**. Le norme che ne disciplinano l'istituzione, ovvero come quando e perché mettere le **strisce blu, sono severe, ma non sono quasi mai rispettate!**

L'art. 7 del C.d.S. stabilisce quali sono i provvedimenti che il Comune deve emanare per porre limiti alla circolazione o creare zone di sosta a pagamento; pertanto le relative violazioni NON sono giuridicamente apprezzabili e valide se:

- in violazione all'art. 7 comma 1, le violazioni sono contestate in assenza dell'ordinanza sindacale che limita la circolazione di tutti o di alcune categorie di veicoli;
- in violazione all'art. 7 comma 1, le violazioni sono contestate in assenza dell'ordinanza sindacale per stabilire precedenze in determinate vie e percorsi cittadini;
- in violazione all'art. 7 comma 1 lettera f, le violazioni sono contestate quali infrazioni della sosta a pagamento, in assenza della delibera della Giunta Comunale che istituisca determinate zone a pagamento e **con l'obbligo della destinazione dei ricavi alla costruzione di parcheggi nelle zone sottoposte a tariffa**;
- in violazione all'art. 7 comma 1 lettera f, le violazioni sono contestate quali infrazioni della sosta NON a pagamento in

assenza della delibera della Giunta Comunale che nella medesima zona individui determinate zone NON a pagamento;

- in violazione dell'art. 7 comma 1 lettera f, le violazioni **sono contestate in ASSENZA di concertazione con il Presidente del Consiglio dei Ministri per determinare la tariffa da istituire nelle zone tariffate.**

*Si fa notare che i Sindaci sono spesso abituati a non rispettare tali norme e non ci risulta che un qualsiasi Sindaco delle grandi città abbia mai chiesto la **concertazione con il Presidente del Consiglio dei Ministri** per la determinazione delle tariffe!*

DIVIETO DI SOSTA IN GENERE

La contestazione del divieto di sosta in relazione **all'art. 7 del C.d.S.** è nulla:

- quando si fa un generico riferimento all'art. 7 senza indicare in modo specifico la norma che si assume essere stata violata; tale contestazione generica non rende possibile risalire a quale sia, tra i tanti casi previsti dall'art. 7, la fattispecie di violazione applicabile al destinatario;
- quando nella stessa giornata è stata contestata più volte la stessa

violazione: essa infatti è da intendersi unica e non può essere rinnovata, anche se la sosta è prolungata per diverse ore.

La contestazione del divieto di sosta in relazione **all'art. 158 comma 2 del C.d.S.** è nulla:

- quando si fa un generico riferimento all'art. 158 comma 2, senza indicare in modo specifico la norma che si assume essere stata violata; tale contestazione generica non rende possibile risalire a quale sia, tra i tanti casi previsti dall'art. 158 comma 2, la fattispecie di violazione applicabile al destinatario.

In alcuni casi, l'indicazione della sosta vietata è contraddetta da circostanze che evidentemente la escludono; in particolare se:

- il conducente era presente;
- la vettura era ferma per consentire la salita/discesa dei passeggeri;
- il motore era acceso e pronto per ripartire;
- la vettura era ferma in attesa del passeggero;
- la vettura era ferma per consentire l'acquisto di un medicinale in una farmacia adiacente.

MANCATO PAGAMENTO DELLA SOSTA

Se vengono contestati l'art. 157 comma 6 e l'art. 7 comma 1, la multa è nulla se:

contiene un generico riferimento al "mancato pagamento della sosta", senza alcuna ulteriore specificazione.

In proposito si fa notare che l'obbligo di pagamento della sosta non è imposto da **ALCUNA** norma giuridica, quindi il mancato rispetto dello stesso NON è di per sé sanzionabile! Il Codice della Strada, infatti, non contiene alcuna norma che preveda esplicitamente il pagamento di un pedaggio, come quello relativo alle strisce blu.

Se viene contestata *la mancata esposizione del titolo di pagamento*:

- anche questa violazione NON è imposta da alcuna norma giuridica e tantomeno dal C.d.S, pertanto l'indicazione che figura nel verbale – mancato pagamento – non pare correttamente sanzionabile. Infatti NON È PREVISTO alcun obbligo di esposizione! Tuttavia i Comuni, per sanzionare il mancato pagamento della sosta, si richiamano all'art. 157 comma 6, che impone unicamente *ai conducenti di segnalare in modo chiaramente visibile o di porre in funzione il dispositivo di controllo.* Si tratta del cosiddetto disco orario che serve a indicare la durata della sosta nelle zone con sosta oraria.

Quando è stata emanata questa norma, NON ESISTEVANO PARCHEGGI A PAGAMENTO, MA SOLO SOSTE A ORARIO IN ALCUNE ZONE. I Comuni pertanto applicano questa norma attraverso *un'interpretazione estensiva* della stessa, ponendo in essere un comportamento NON LEGITTIMO, trattandosi di legge speciale!

LE STRISCE BLU

Innanzitutto il Comune non può elevare multe per mancata esposizione del tagliando di pagamento nelle strisce blu se non ha predisposto, nelle immediate vicinanze, anche aree di parcheggio gratuite e senza dispositivi di controllo della durata della sosta.

Le strisce blu e quelle bianche devono infatti essere **equamente distribuite** tra loro e non si possono prevedere solo spazi a pagamento (salvo le eccezioni che tra breve vedremo). **Tu che leggi, eccezioni a parte, quante volte hai trovato strisce blu e**

strisce bianche equamente distribuite? Questo vuol dire che, se il Comune non ha fatto quello che doveva, le eventuali multe per mancato pagamento del ticket sono tutte nulle.

Lo prevede la legge, ovvero l'art. 7 comma 8 del Codice della Strada, e se ne sono convinti ormai diversi tribunali **tra cui il Tribunale di Roma** (sent. n. 16885 del 7.09.2012. Cfr. anche Cass. S.U. sent. n. 116 del 9.01.2007).

Fanno **eccezione**, come si diceva:
1) le **aree pedonali**;
2) le zone a traffico limitato (**Ztl**);
3) le altre zone dichiarate dal Comune di particolare rilevanza urbanistica (Zru), opportunamente individuate e delimitate da **delibera della Giunta Comunale** come già detto.

In tali casi, conviene sempre verificare se nelle vicinanze delle strisce blu, ove è stata parcheggiata l'auto, ci siano anche spazi delimitati dalle **strisce bianche**.

Per essere certi, tuttavia, che il tuo ricorso venga accolto dal giudice, è consigliabile verificare, presso il Comune, il piano stradale ove si stabilisce la ripartizione delle strade tra aree di sosta a pagamento e gratuite.

Oltre a questo, c'è un altro motivo che rende annullabili la quasi totalità delle multe sulle strisce blu. Il Codice della Strada prevede infatti (**art. 7 comma 6 Codice della Strada**) che le aree destinate al parcheggio debbano essere ubicate **fuori della carreggiata** e comunque in modo che i veicoli parcheggiati non ostacolino lo scorrimento del traffico (come noto, la carreggiata è quella parte della strada destinata allo scorrimento dei veicoli, composta da una o più corsie di marcia).

Sono quindi illegittime, nulle o annullabili, le contravvenzioni elevate per sosta sulle strisce blu se queste aree sono state ricavate (**come quasi sempre avviene**) lungo la stessa strada destinata al traffico, con conseguente restringimento della carreggiata. Questo, come detto, rende di fatto nulle gran parte delle multe per mancato pagamento del ticket.

Se scade l'orario sul ticket la multa è nulla

Il secondo aspetto su cui si è soffermata la giurisprudenza è quello della nullità delle multe per sforamento dell'orario indicato sul ticket. Secondo quanto anche ammesso dal Ministero dei Trasporti, non esiste una norma del Codice della Strada che vieti di rimanere sulle strisce blu anche dopo la scadenza del ticket. Pertanto le multe non possono essere elevate, tutt'al più si può intentare una causa civile per recuperare il credito pari all'importo non pagato (pochi centesimi).

Il ministero ha chiarito che le multe per sosta oltre l'orario del ticket possono essere valide solo se il Comune ha emesso un regolamento con cui ha disciplinato l'utilizzo delle aree a pagamento, andando così a colmare la lacuna normativa del Codice della Strada. **Per difenderti dalla multa**, puoi e devi:

- verificare se il Comune ha adottato una delibera per regolamentare le aree con le strisce blu e il pagamento del ticket;
- se il Comune non risponde o non ha provveduto a quanto sopra, puoi impugnare la multa davanti al Prefetto o al Giudice di Pace, e chiedere che venga annullata **per inesistenza della relativa contravvenzione.**

Se il ticket non è esposto sul parabrezza dell'auto

La legge **non** dice che il ticket debba essere esposto necessariamente sul parabrezza dell'auto, ma in modo ben visibile. Quindi ben potrebbe essere posto sul sedile dell'auto del conducente o su quello del passeggero, purché da fuori il finestrino il verbalizzante possa controllarlo e distinguere le varie cifre in esso riportate (orario di ingresso della sosta, orario di scadenza ecc.).

Se il vigile dovesse elevare la multa perché sostiene di non aver visto il ticket, **ti puoi difendere solo**:

- Impugnando la multa e, nello stesso tempo, avviando un procedimento apposito di contestazione della dichiarazione del pubblico ufficiale (la citata **querela di falso**), volto a dimostrare che il ticket era invece ben esposto e che, probabilmente, il verbalizzante non vi ha prestato la dovuta attenzione.
- **Se il parchimetro non funziona o manca il modulo per pagare con carta di credito o di debito.**
- Se il parchimetro più vicino a dove è parcheggiata l'auto **non funziona o non è dotato di supporto per il pagamento con**

carta di credito e bancomat, sei tenuto a tentare il pagamento presso un altro dispositivo posto nelle adiacenze. La legge non dice entro quale distanza tu debba spingerti nella ricerca di un parchimetro funzionante, tuttavia non è possibile chiederti uno sforzo eccessivo e tale da rendere vana la stessa sosta.

In tali casi ti puoi difendere:

- fotografando o filmando con lo smartphone il dispositivo non funzionante;
- chiamando la stazione dei Vigili Urbani o la società che gestisce gli apparecchi (il numero è di solito riportato sugli apparecchi stessi) in modo da fare accertare la situazione e potere, in un momento successivo, documentare la tua buona fede;
- chiamare un testimone che possa, in un eventuale giudizio davanti al Giudice Di Pace, dichiarare che i parchimetri più vicini erano tutti fuori uso.

Il preavviso di accertamento

Il preavviso di accertamento è quel foglio che troviamo sul parabrezza in caso di contestazione per aver sostato in modo improprio. È un atto *provvisorio*, solitamente accompagnato dal modulo di c/c (che efficienza, così possiamo comodamente pagare all'ufficio postale!). **NON COSTITUISCE TITOLO IDONEO A PRESENTARE RICORSO.** Per fare opposizione è sempre necessario attendere la notifica della multa presso la propria residenza. Se tuttavia si decide di pagare (e perché mai dovresti farlo, se stai leggendo questa guida?) si risparmiano le spese di notifica. *Il ricorso ottenibile tramite il sito cancellamulte.com costerebbe comunque meno del pagamento immediato anche se scontato del 30%.*

ATTENZIONE: *se le Forze dell'Ordine competenti ti fermano, ti identificano e riportano i tuoi dati come trasgressore sul verbale, ovvero ti fanno la multa, A CASA NON ARRIVERÀ PIÙ NULLA.* Quella che ti lasciano in mano è già la multa *notificata* (da intendersi appunto notificata a mano).

RIEPILOGO DEL CAPITOLO 4:

- SEGRETO n. 1: la fermata ha durata breve e non ci si allontana dal veicolo; la sosta è quando invece si chiude il mezzo e ci si allontana.

- SEGRETO n. 2: anche se hai sostato male (ad esempio a causa di parcheggi scarsi o insufficienti) puoi comunque difenderti dalle multe, ora sai che sono ingiuste per tantissimi motivi.

- SEGRETO n. 3: il divieto di sosta, per essere effettivamente valido, deve rispettare norme precise (e quasi mai accade).

- SEGRETO n. 4: i parcheggi a pagamento (strisce blu) DEVONO essere collocati nelle immediate vicinanze di parcheggi liberi; nessun Comune rispetta questa norma, pertanto sono migliaia le ipotesi in cui farsi valere.

- SEGRETO n. 5: le macchinette per pagare devono funzionare ed essere dotate del modulo di pagamento per carte di credito o di debito, altrimenti la multa è nulla.

- SEGRETO n. 6: il preavviso di accertamento è quel foglio che trovi sull'auto e che ti indica una contestazione per divieto di sosta, MA NON VA BENE per fare ricorso; se vuoi difenderti devi conservare il preavviso trovato e aspettare la notifica a casa della multa.

Puoi accedere alla nostra consulenza gratuita in qualsiasi momento, vai su cancellamulte.com e segui le istruzioni per chiamarci o scrivici a info@cancellamulte.com o contattaci su whatsapp al numero +39 391 4627497.

Capitolo 5:
Il ricorso per verbali da ausiliari della sosta

Le multe sono nulle:

- **quando il verbale è redatto da un ausiliario del traffico fuori dalle strisce blu (divieto sanzionato non riguardante la sosta su strisce blu);**

- quando il verbale è redatto da un ausiliario che non è dipendente della ditta assegnataria della zona in cui è stata contestata l'infrazione;

- quando il verbale è redatto da un ausiliario che non possiede le caratteristiche di nomina e attribuzione necessarie e sufficienti per le sue mansioni: *non ha rapporto di dipendenza con l'azienda assegnataria del servizio*;

- quando il verbale è redatto da un ausiliario che non possiede le caratteristiche di nomina e attribuzione necessarie e sufficienti per le sue mansioni: *è da considerarsi dipendente occasionale*;

- quando il verbale è redatto da un ausiliario che non possiede le caratteristiche di nomina e attribuzione necessarie e sufficienti per le sue mansioni: *non è stato nominato con provvedimento del Sindaco*;

* quando il verbale è redatto da agente del traffico (Vigile Urbano) non in servizio.

È illegittima la contravvenzione per divieto di sosta quando l'accertamento viene fatto dall'ausiliario del traffico e poi firmato in ufficio da un agente della Polizia Municipale. Solo la polizia può elevare una **multa per divieto di sosta**; non possono farlo invece i cosiddetti **ausiliari del traffico** (o "vigilini"), i quali sono autorizzati ad accertare solo le contravvenzioni per violazioni attinenti al parcheggio sulle strisce blu o negli spazi immediatamente adiacenti a essi (ad esempio l'auto in seconda fila che impedisce a quella già sulle strisce blu di uscire dal parcheggio).

Tuttavia, la quasi totalità dei Comuni sta superando tale divieto facendo compilare agli ausiliari del traffico il foglietto con la **"pre-sanzione o preavviso di accertamento"** (quello, tanto per intenderci, che viene lasciato sul parabrezza dell'auto), salvo poi far redigere la sanzione vera e propria da un agente della Polizia

Municipale, in un successivo momento, comodamente dall'ufficio.

Il trucco è facilmente percepibile confrontando la firma che appare sulla pre-sanzione, o preavviso di accertamento, e quella apposta sulla contravvenzione che viene successivamente spedita a casa dell'automobilista: **la mancata coincidenza** consente all'automobilista di proporre una domanda di accesso agli atti amministrativi per verificare l'identità dei due firmatari e le relative qualifiche.

Questa pratica di far accertare i divieti di sosta agli ausiliari e far compilare le successive multe alla Municipale è ritenuta illegittima da **tantissimi giudici** che hanno dichiarato nulli i verbali. In pratica, quando ti accorgi che il nome del verbalizzante indicato sulla multa ricevuta a casa è diverso da quello che ha materialmente lasciato il foglietto con l'avviso sul tergicristalli, puoi verificare la qualifica di quest'ultimo e, se si tratta di un semplice ausiliario del traffico, puoi fare ricorso per **annullare il divieto di sosta**.

In verità nessuna norma del Codice della Strada o del regolamento di attuazione obbliga i verbalizzanti a lasciare la pre-sanzione o il preavviso di accertamento sul vetro dell'auto: si tratta di un "favore" fatto all'automobilista che però non comporta alcun effetto, né anticipa gli effetti che derivano, per l'automobilista, dalla conoscenza del verbale. Tant'è che il termine dei 5 giorni per pagare la contravvenzione con lo sconto del 30% e quello dei 30 giorni per il ricorso al Giudice di Pace, e di 60 giorni per quello al Prefetto, decorre dal momento della consegna a casa della multa vera e propria (con raccomandata).

Multa sul marciapiede: chi può farla?

La multa per sosta o fermata su un marciapiede può essere elevata **soltanto dalla Polizia Municipale** e non dagli ausiliari del traffico dipendenti da aziende private. Questi ultimi, infatti, possono fare le multe, come detto, soltanto in caso di violazioni che riguardano l'utilizzo delle strisce blu a pagamento e NON quelle che incidono sul traffico e sulla funzionalità delle altre aree. Il principio è stato affermato dalla Corte di Cassazione in una sentenza pronunciata a seguito di una multa elevata da un ausiliare del traffico (**Cass. sentenza n. 21268/2014**).

RIEPILOGO DEL CAPITOLO 5:

- SEGRETO n. 1: spesso i Comuni fanno redigere le multe agli ausiliari della sosta senza che ne abbiamo titolo.

- SEGRETO n. 2: gli ausiliari della sosta possono fare le multe solo nelle aree loro assegnate.

- SEGRETO n. 3: gli ausiliari della sosta NON possono fare le multe sul marciapiede.

Puoi accedere alla nostra consulenza gratuita in qualsiasi momento, vai su cancellamulte.com e segui le istruzioni per chiamarci o scrivici a info@cancellamulte.com o contattaci su whatsapp al numero +39 391 4627497.

Capitolo 6:
Il ricorso per vizi di notifica

Come ti sarai reso ormai conto ci sono sempre moltissime ragioni per leggere attentamente le multe che ricevi, perché al loro interno ci sono già tutte le motivazioni per evitare di pagarle, basta solo individuarle ed evidenziarle nel tuo ricorso. Se non ti fermano e vogliono inviarti una multa te le devono NOTIFICARE presso la tua residenza/ufficio.

La notifica è il mezzo attraverso il quale si porta a conoscenza della parte sanzionata (ossia tu, che sei intestatario del mezzo con il quale è stata registrata una **presunta** infrazione) la contravvenzione contestata.

Le notifiche possono essere fatte tramite:

• Agente verbalizzante nell'immediatezza dei fatti (quando ti fermano).

• Servizio postale.

- Ufficiali Giudiziari.
- Messi Comunali.

ECCOTI SVELATI I SEGRETI DELLE NOTIFICHE

Segreti sempre validi per tutte le tipologie di multe e contestazioni. Quando le notifiche sono nulle?

- quando il verbale di contestazione immediata non è stato consegnato al destinatario;
- quando il verbale di contestazione non è mai stato consegnato o notificato;
- quando il verbale di contestazione immediata non reca l'indicazione dell'avvenuta consegna a chi ha commesso l'infrazione;
- quando l'infrazione contestata immediatamente è fatta dall'ausiliario al traffico che non è organo abilitato;
- quando manca l'indicazione del destinatario nella relazione di notifica;
- quando manca l'indicazione della data di consegna del verbale;
- quando la notifica è avvenuta prima delle 7:00 o dopo le 12:00, la domenica o durante i giorni di festività;
- quando la notifica è avvenuta dopo la scadenza del termine di

decadenza della sanzione che è fissato in 90 giorni dalla data di infrazione;

- quando la notifica avviene dopo la morte del sanzionato;
- quando la notifica del verbale avviene dopo il pagamento della sanzione;
- quando nella relata di notifica non è specificata la qualifica del notificatore;
- quando la notifica all'interessato è effettuata senza il rispetto delle norme specifiche: *manca l'indicazione del destinatario nella relata di notifica;*
- quando la notifica all'interessato è effettuata senza il rispetto delle norme specifiche: *il plico risulta immesso nella cassetta della posta senza altre indicazioni* (ad esempio senza indicare che il destinatario non è stato trovato a casa);
- quando la notifica all'interessato è effettuata senza il rispetto delle norme specifiche: *manca l'indicazione della data di consegna del verbale;*
- quando la notifica all'interessato è effettuata in violazione di norme specifiche: *fuori dalle ore di rito, prima delle sette del mattino e dopo le ventuno della sera;*

quando la notifica è effettuata dopo la scadenza del termine di efficacia della sanzione, ovvero dopo 90 giorni dalla data dell'infrazione, come stabilito dal Codice della Strada e termina con l'affidamento della raccomandata contente la multa all'ufficio postale. NOTA BENE: a questo proposito, non dobbiamo farci trarre in inganno da come sono scritti i verbali, infatti troviamo molto spesso, in modo del tutto fantasioso e in barba alla legge, che molti Comuni (il Comune di Milano per primo), per giustificare l'enorme ritardo con cui fanno pervenire i verbali, anziché annullarli come dovuto perché non più esigibili, "modificano" la data di calcolo facendola risalire alla data di "accertamento" (il momento in cui il Comune *si accorge* della tua infrazione). Come a dire: tu passi in Ztl il 10 gennaio, io me ne accorgo il 9 febbraio e faccio partire il conteggio dei 90 giorni da quando me ne sono accorto anziché dalla data dell'infrazione. Così facendo, provano a prendersi più tempo di quello che realmente hanno a disposizione. Sforare il termine anche di un solo giorno rende la multa nulla, a patto che te ne accorgi e lo rilevi nel tuo ricorso. **Lo ha recentemente cristallizzato e riconfermato la Suprema Corte di Cassazione, Sez. VI Civile n. 7066/2018 del 21 marzo 2018.** L'obiettivo di questo trucco si commenta da sé: incassare,

incassare, incassare sempre e comunque. Ricordati che puoi accedere alla nostra consulenza gratuita in qualsiasi momento (vai su cancellamulte.com e segui le istruzioni per chiamarci o scrivici a info@cancellamulte.com o contattaci su whatsapp al numero +39 391 4627497.

- quando la notifica è effettuata all'interessato assente al momento della stessa, senza il rispetto di alcune formalità imposte dall'art. 140 c.p.c.: *notifica disposta senza esporre un avviso sulla porta del destinatario*;
- quando la notifica è effettuata all'interessato assente al momento della stessa e senza il rispetto di alcune formalità imposte dall'art. 140 c.p.c.: *senza che sia spedita la raccomandata con avviso di ricevimento del notificatore dell'avvenuto deposito dell'atto giudiziario presso la casa comunale; SE NON TI TROVANO, LE RACCOMANDATE DEVONO ESSERE DUE*;
- quando la notifica è effettuata all'interessato assente e la consegna dell'atto è stata fatta a una persona di famiglia o addetto alla casa non convivente, senza le indicazioni imposte dall'art. 139 c.p.c., ossia manca l'attestazione che la persona

consegnataria sia capace di intendere e di volere, quando l'atto è notificato *a un figlio*;

- quando la notifica è avvenuta a una parente incapace o NON convivente, nella residenza del destinatario, senza le indicazioni necessarie imposte dall'art. 139 c.p.c.: ossia manca l'attestazione che la persona consegnataria sia capace di intendere e di volere, quando l'atto è notificato *a un genitore*;

- quando la notifica è avvenuta a una parente incapace o **NON convivente**, nella residenza del destinatario, senza le indicazioni necessarie imposte dall'art. 139 c.p.c., ossia manca l'attestazione che la persona consegnataria sia capace di intendere e di volere, quando l'atto è notificato *al coniuge*;

- quando la notifica è avvenuta a una parente incapace o NON convivente, nella residenza del destinatario, senza le indicazioni necessarie imposte dall'art. 139 c.p.c.: ossia manca l'attestazione che la persona consegnataria sia capace di intendere e di volere, quando l'atto è notificato *a una persona convivente*;

- se la notifica è avvenuta a un parente che di fatto NON è convivente per dimostrare la nullità della notifica è sufficiente un certificato storico dello stato di famiglia;

- quando la notifica è stata fatta con consegna dell'atto a un vicino di casa nel caso in cui il destinatario non sia stato trovato ai sensi dell'art. 139 c.p.c e *il vicino di casa non ha sottoscritto un'apposita ricevuta (solitamente controfirma l'originale dell'atto che resta in mano al notificatore)*;

- quando la notifica è stata fatta con consegna dell'atto a un vicino di casa nel caso in cui il destinatario non sia stato trovato ai sensi dell'art. 139 c.p.c. e *il destinatario dell'atto non riceve un avviso con raccomandata A/R che lo informa della notifica effettuata al vicino;*

- quando la notifica è stata fatta con consegna dell'atto a un vicino di casa nel caso in cui il destinatario non sia stato trovato ai sensi dell'art. 139 c.p.c. e *non è attestata nella relata di notifica la mancata presenza, nella casa d'abitazione, dell'interessato*;

- quando, ai sensi dell'art. 139 c.p.c., è stata effettuata la notifica al portiere senza indicare nella relata di notifica i presupposti necessari, ossia *il notificatore NON attesta di aver eseguito preventivamente la ricerca del destinatario, o di una persona di famiglia, o di addetto alla casa (e/o all'ufficio) nella residenza indicata*;

- quando, ai sensi dell'art. 139 c.p.c., è stata effettuata la notifica al portiere senza indicare nella relata di notifica i presupposti necessari, ossia *il portiere all'atto della ricezione NON ha sottoscritto l'atto per ricevuta*;

- quando, ai sensi dell'art. 139 c.p.c., è stata effettuata la notifica al portiere senza indicare nella relata di notifica i presupposti necessari ossia *il notificatore NON invia al destinatario una raccomandata con la quale lo avvisa della consegna dell'atto al portiere*;

- quando la notifica è stata eseguita tramite il servizio postale perché il destinatario non è stato rintracciato presso il suo domicilio e NON è stato successivamente avvisato con raccomandata con avviso di ricevimento.

Alcune violazioni delle procedure della notifica non comportano la nullità del verbale ma solo un'irregolarità dello stesso che verrà sanata se l'interessato è comunque venuto a conoscenza della contestazione.

RIEPILOGO DEL CAPITOLO 6:

- SEGRETO n. 1: la regolarità della notifica è un presupposto fondamentale per la regolarità della multa stessa; sono decine le motivazioni che posso evidenziare per annullare le multe che ricevi.

- SEGRETO n. 2: spesso il termine dei 90 giorni che i Comuni hanno a disposizione per inviarti (ovvero notificarti) la multa viene modificato **per alterare il conteggio corretto**.

- SEGRETO n. 3: se non ti trovano, le raccomandate che ti avvisano del tentativo di recapito della multa devono essere due!

Puoi accedere alla nostra consulenza gratuita in qualsiasi momento, vai su cancellamulte.com e segui le istruzioni per chiamarci o scrivici a info@cancellamulte.com o contattaci su whatsapp al numero +39 391 4627497.

Capitolo 7:
I tempi di notifica di una multa

I tempi di notifica per te che ricevi la multa

Ti potrebbe sembrare una precisazione banale, ma di fatto non lo è. Infatti non contare i giorni nel modo corretto può compromettere la validità di un pagamento – ad esempio se decidiamo di pagare con lo sconto dei cinque giorni – o la presentazione di un ricorso perché depositato fuori termine. Infatti, sia se abbiamo pagato sia se abbiamo ragione nel presentare un ricorso, se lo facciamo senza rispettare le tempistiche imposte dalle norme, otterremo, come unico effetto, guarda caso, quello di pagare di più, MOLTO di più!

Pagamento nei cinque giorni

Hai diritto a pagare cono lo sconto **solo** entro 5 (cinque giorni) dalla **notifica**. Abbiamo già detto molto sulla notifica e ora ti voglio spiegare nel dettaglio come individuare *il tempo* della notifica. Ho visto troppe volte persone che, in buona fede, hanno pagato le multe o fatto ricorso *credendo* di aver rispettato i tempi e invece non lo avevano fatto. **LA DATA DI NOTIFICA NON SEMPRE COINCIDE CON LA DATA DEL RITIRO DELLA MULTA.**

Prendiamo in esame tutte le possibilità:

1. Multa contestata subito sul posto: la notifica coincide con il ritiro e la consegna della multa stessa.
2. Ritiro a mano dal postino al primo tentativo: la notifica coincide con il ritiro e la consegna della multa stessa.
3. Trovo la raccomandata che mi avvisa del tentato recapito. Se la ritiro entro *10 giorni* dal ricevimento dell'avviso, la notifica coincide con il ritiro e la consegna della multa stessa.
4. Trovo la raccomandata che mi avvisa del tentato recapito e la ritiro dopo *20 giorni* dal ricevimento dell'avviso, la notifica **NON** è il giorno del ritiro, MA si dà per avvenuta il 10° (decimo) giorno dall'avvenuto DEPOSITO dell'avviso di recapito.

Come si applicano in concreto queste regole?

In pratica, se il **10 gennaio** trovo un avviso di tentato recapito di atto giudiziario i possibili scenari di notifica sono:

• Se ritiro il **17 gennaio**, ritiro e notifica coincidono e dal **17**

gennaio decorrono i giorni per pagare o fare ricorso. Lo stesso vale se ritiro un qualunque giorno compreso tra il 10 e il 20 gennaio.

- Se ritiro il **22 gennaio**, notifica e ritiro NON coincidono, la data di notifica è il **20 gennaio** (ovvero il decimo giorno trascorso dall'avviso di recapito) e quindi, per pagare entro 5 giorni, devo togliere i giorni già trascorsi (2 nell'esempio). Pertanto avrò a disposizione solo altri 3 giorni – FESTIVI SEMPRE INCLUSI NEL CONTEGGIO – per il pagamento ridotto del 30%, quindi solo 28 giorni per fare ricorso al Giudice di Pace, solo 58 giorni per fare ricorso al Prefetto e solo 58 giorni per pagare senza lo sconto (FESTIVI INCLUSI SEMPRE NEL CONTEGGIO).

- Se ritiro il **27 gennaio applicando le regole che ti ho appena spiegato scopriamo che NON posso più pagare con lo sconto del 30% entro 5 giorni, perché la notifica si dà per avvenuta il 20 gennaio e per usufruire dello sconto avevo tempo fino al 25! A cascata, anche gli altri termini subiscono una variazione per il tempo che è già trascorso, anche se tu materialmente non hai ritirato ancora nulla.** Infatti, per il ricorso al Giudice di Pace avremo a disposizione 23 giorni, 53 per il ricorso al Prefetto e altrettanti per pagare senza lo sconto (FESTIVI INCLUSI SEMPRE NEL CONTEGGIO.

Considerazioni

Certo è strano che sulle multe sono sempre ben indicati gli estremi per pagare, mentre di informazioni importanti come questa non vi è mai traccia. Lo scopri solo a distanza di tempo dopo aver ricevuto un'ingiunzione di centinaia di euro a distanza di anni per aver operato in assoluta buona fede!

I tempi di notifica e i relativi conteggi visti dalla parte dei Comuni

Ancora diversi sono i calcoli che dobbiamo necessariamente capire e fare per verificare che la notifica della multa rispetti il termine di notifica imposto entro 90 giorni dalla commessa infrazione. Te lo ripeto perché è molto importante. Il termine di 90 giorni inizia a decorrere dal giorno in cui tu hai *presumibilmente* infranto il Codice della Strada.

Ciò vale anche quando la constatazione della violazione avviene in un momento successivo, come nel caso di accertamento a mezzo di telecamere (si pensi a quelle dell'autovelox, del tutor, delle Ztl, del passaggio con il semaforo rosso, a quelle per i divieti di sosta). Ad esempio: se il 1 marzo una persona passa col rosso e la polizia analizza la foto solo il 10 aprile, i 90 giorni iniziano a decorrere comunque dal 1 marzo.

Quando l'autorità si avvale di strumenti elettronici di controllo, i filmati o gli scatti *dovrebbero* essere analizzati dagli agenti alcuni giorni dopo nei rispettivi uffici e lì *dovrebbe essere* compilato il verbale da spedire al trasgressore. In passato, alcuni Comuni (quello di Milano sempre in prima fila) hanno giocato sull'equivoco di una non chiara formulazione della legge ritenendo che il termine dei 90 giorni dovesse decorrere dall'accertamento dell'infrazione, ossia dal momento della presa visione dei filmati o degli scatti. Questo però, come già chiarito anche in precedenza, implicava **la possibilità di spostare in avanti l'inizio del decorso dei 90 giorni a proprio piacimento, senza alcuna garanzia per l'automobilista**. I giudici hanno bocciato questa interpretazione stabilendo che i 90 giorni partono sempre dal giorno dell'infrazione.

Come si calcolano i 90 giorni per la consegna della multa?

Per verificare se i 90 giorni sono stati rispettati, e quindi se la *notifica* della multa è valida o meno – ti ricordo che potrebbe comunque essere annullata per altri motivi –, bisogna iniziare il conteggio dei 90 giorni partendo dalla data in cui è stata commessa la *presunta* infrazione, per finire alla **data di spedizione della raccomandata con la multa, ovvero dalla data in cui la busta contenente la multa è stata consegnata all'ufficio postale, INDIPENDENTEMENTE dalla data del ritiro/notifica da parte tua, presunto trasgressore** che l'hai ricevuta. Fa quindi fede il cosiddetto **"timbro postale"** (che ora non c'è più esistendo una procedura computerizzata con codici a barre) ovvero il giorno di consegna della busta all'ufficio postale.

ESEMPIO: Se sono trascorsi 89 giorni tra la data della presunta infrazione e l'affidamento all'ufficio postale e io ho ritirato il verbale 92 giorni dopo dovremo considerare rispettato il termine dei 90 giorni. Al contrario, se verifichiamo che tra la data dell'infrazione e la data di affidamento all'ufficio postale sono trascorsi più di 90 giorni, potremo affermare con certezza che il verbale è nullo e chiederne l'annullamento. Ormai ti è chiaro che questo sistema di notifica impone **molta attenzione** alle date, avrai infatti capito che è tecnicamente articolato e un po' difficile da digerire, in quanto non segue alcuna logica, meno che mai quella del buon senso.

Ancora una volta ti ho dimostrato come i Comuni sfruttano la volutamente tortuosa complessità delle norme a proprio vantaggio, facendo leva sulla tua *ignoranza giuridica*, con l'unico obiettivo di farti mettere più e più volte mano al portafoglio.

RIEPILOGO DEL CAPITOLO 7:

- SEGRETO n. 1: quando ritiri una multa scopri che ci sono due momenti: il RITIRO e LA NOTIFICA.

- SEGRETO n. 2: RITIRO e NOTIFICA non sempre coincidono.

- SEGRETO n. 3: le informazioni sulla notifica sono volutamente assenti sulla multa per evitare qualunque difesa.

- SEGRETO n. 4: per semplicità di calcolo, devi sempre considerare che nel conteggio dei giorni DEVI includere anche quelli festivi.

- SEGRETO n. 5: per contare correttamente i giorni di notifica e capire se il termine dei 90 giorni è stato rispettato, considera sempre e solo la data della *presunta* infrazione (MAI QUELLA DELL'ACCERTAMENTO) rispetto alla data di affidamento della multa all'ufficio postale; la multa è sempre nulla solo se tra queste due date sono passati più di 90 giorni, indipendentemente da quando hai ritirato o ti hanno notificato la multa.

Puoi accedere alla nostra consulenza gratuita in qualsiasi momento, vai su cancellamulte.com e segui le istruzioni per chiamarci o scrivici a info@cancellamulte.com o contattaci su whatsapp al numero +39 391 4627497.

Capitolo 8:
Il ricorso per corsie riservate e Ztl

zona
traffico limitato

divieto di transito a:
- autoveicoli non autorizzati
- motoveicoli non autorizzati

- veicoli autorizzati a servizio
di persone invalide

- polizia, ambulanze,
vigili del fuoco
(solo in servizio urgente di emergenza)

- veicoli merci
orario   14.00 - 16.00
          24.00 - 9.00

In Italia, le **zone a traffico limitato (Ztl)** sono aree situate in alcuni punti delle città, ad esempio nei centri storici, per limitare, in alcuni orari, il traffico ai veicoli inclusi in una specifica classe di emissioni inquinanti, di una data di omologazione e di un peso.

In alcuni casi, le zone a traffico limitato sono delimitate da appositi varchi per il riconoscimento dei mezzi autorizzati all'ingresso. Questi varchi possono essere costituiti da sbarre apribili con appositi pass o con permessi elettronici, oppure da telecamere poste all'accesso; in quest'ultimo caso, le telecamere poste a ogni ingresso delle zone a traffico limitato registrano le targhe di ogni singolo veicolo che vi accede e trasmettono al comando dei Vigili competente eventuali trasgressioni da parte di mezzi non autorizzati all'ingresso.

Ztl Milano "Area C": le multe sono nulle e non devono essere pagate. Vediamo perché (facciamo l'esempio di Milano ma le contestazioni qui individuate sono applicabili in ambito nazionale). Ci riallacciamo a quanto accaduto a Milano e che purtroppo accade ogni giorno su tutto il territorio nazionale. Infatti, con la recentissima sentenza **n. 6239 del 14.07.2017**, il **Giudice di Pace di Milano** ha annullato tutti i verbali impugnati da un automobilista transitato innumerevoli volte sotto l'occhio elettronico **Ztl** installato dalla Polizia Municipale.

La zona di Milano interessata dalla decisione è molto centrale ed è nota come **"Area C"** e **Cerchia dei Bastioni**. Le infrazioni rilevate nella zona citata, infatti, vengono tutte "accertate" mediante l'utilizzo di un'**apparecchiatura non omologata** e gestita da una società non più esistente. Inoltre, è del tutto insufficiente e appositamente fuorviante la **segnaletica**, che dovrebbe invece contenere indicazioni *chiare e complete* e soprattutto percepibili alla velocità di 50 km/h, che è il limite massimo in città, a tutela e garanzia degli utenti della strada.

Il Giudice di Pace di Milano, dunque, ha ritenuto questi (e numerosi altri, che siamo soliti inserire nei ricorsi scaricabili dal nostro portale cancellamulte.com) quali validi motivi per annullare i verbali e consentire agli automobilisti di "cancellare" le **multe**. È evidente che tale situazione riguarda numerosi automobilisti che transitano ogni giorno nel centro di Milano. Vediamo, quindi, quali sono i motivi che rendono **nulle** le **multe Ztl** nella c.d. **Area C di Milano**.

Dispositivi Ztl: l'invalidità dell'omologazione

Tralasciando i motivi più prettamente procedurali e concernenti l'irritualità delle notifiche dei verbali impugnati, è bene soffermarsi innanzitutto sull'**invalidità dell'omologazione dei dispositivi Ztl** citati. Nella zona di riferimento, infatti, le violazioni vengono "accertate" mediante l'utilizzo di un'**apparecchiatura non omologata** e gestita da una società che giuridicamente non esiste. Sì, hai letto bene!

Più nel dettaglio, si tratta degli impianti denominati O^2 CR Citypass. Ebbene, detti impianti risultano tutti omologati nel lontano 2006 in virtù di un decreto (**Decreto del Direttore Generale Motorizzazione n. 25506 del 09.08.2006**), emesso nei confronti di una società, la **ELSAG Spa, che a suo tempo aveva sede a Genova in via Puccini n. 2 e che, in seguito a una serie di vicende societarie (rilevabili dal Decreto Dirigenziale n. 2617 del 13.05.2013) ha cessato di esistere con la fusione per incorporazione nella società SELEX ES Spa, con sede legale a Roma in via Piemonte 60** (e che comunque a oggi non esiste più). Evidente, quindi, la nullità dei verbali impugnati. In essi, invero, si fa riferimento a un'**omologazione** (risalente al 2006 e, dunque, a dir poco vetusta) ottenuta da una società che non esiste più da oltre 4 anni.

Ma non è tutto. L'omologazione del sistema per la rilevazione degli accessi Ztl nell'Area C di Milano è affetta da una nullità *ancora più grave*. Infatti, è stata oggetto di plurimi **trasferimenti illegittimi**. Secondo la legge (**art. 192, comma 5, D.P.R. n. 495 del 16.02.1992**), infatti, l'omologazione o l'approvazione di prototipi è valida *solo a nome del richiedente e non è trasmissibile a soggetti diversi*. Nel caso di specie, invece, non solo – come sottolineato sopra – il cosiddetto richiedente non esiste più, ma l'omologazione (al fine di celare la predetta inesistenza) è stata, altresì, oggetto di **plurime trasmissioni illegittime** (queste ultime facilmente rilevabili dallo studio dei Decreti Dirigenziali cui fanno riferimento le multe).

Requisito della necessaria distanza minima

Le multe contestate, inoltre, non rispettano i requisiti della **necessaria distanza minima** che deve sussistere tra la segnaletica di avvertimento e lo strumento di rilevazione dell'accesso Ztl che, in questo modo, viene a trasformarsi in una vera e propria "trappola" ai danni del conducente, privato di qualsivoglia spazio di manovra.

Infatti, in tema di distanza tra segnaletica di avvertimento e dispositivo di rilevamento, la legge (**art. 79 D.P.R. n. 495 del 16.02.1992**) stabilisce che lo spazio minimo di avvistamento dei segnali di prescrizione è di **80 metri**. Tale distanza consente all'automobilista di percepire i segnali stradali e le loro prescrizioni sia di giorno sia di notte.

Tra il segnale e il conducente, inoltre, deve esserci uno spazio libero da ostacoli che consenta al "presunto trasgressore" di rappresentarsi l'illiceità della sua condotta, ovvero di capire per tempo se la manovra che sta per compiere è lecita oppure no.

Orbene, la segnaletica presente sui luoghi in cui sono state accertate le asserite violazioni è tale da rendere disagevole per l'automobilista individuare la presenza della Ztl. Inoltre, a causa dell'eccessiva prossimità del segnale di avvertimento alla telecamera di rilevamento, il conducente, anche nell'ipotesi in cui riesca a rilevare la presenza del relativo divieto, non avrebbe né il tempo adeguato per individuare il punto esatto in cui inizia il rilevamento della delimitazione del traffico, né lo spazio per retrocedere e/o arrestare il proprio transito (senza peraltro essere un pericolo per gli altri utenti della strada) e di evitare, così, di *subire ingiustamente* la sanzione prescritta.

Inoltre, nella zona di riferimento (e chi vi transita tutti i giorni lo sa!) la segnaletica in questione è del tutto inidonea e insufficiente ad assolvere al suo compito di avvertimento agli utenti della strada: è collocata in corrispondenza di intersezioni ed è talmente ricca di prescrizioni, immagini e informazioni da non essere agevolmente e prontamente comprensibile da un automobilista che transita alla velocità consentita. Piuttosto, la lettura integrale delle prescrizioni contenute e la loro comprensione imporrebbe all'autista di arrestare il transito e *scendere dall'auto per leggere e interpretare tutti i pannelli!*

Ztl Milano: da quale ordinanza è stata istituita?

Le multe contestate sono nulle anche perché omettono di indicare l'ordinanza che ha istituito la Ztl e delimitato, dunque, l'accesso all'area. Ebbene, tale omissione ti impedisce di poter conoscere quale autorità amministrativa abbia assunto la relativa determinazione e di verificarne il contenuto, oltreché la legittimità. La corretta e puntuale indicazione degli estremi dei provvedimenti che delimitano le zone a traffico limitato dovrebbe essere una prassi costante della Pubblica Amministrazione, **ma di fatto non lo è**.

Multe Ztl Milano nulle: via ai ricorsi!

Come anticipato, il Giudice di Pace di Milano ha ritenuto questi (e altri) validi motivi per annullare i verbali e consentire agli automobilisti di non pagare le multe. È evidente che tale situazione riguarda numerosi automobilisti che transitano ogni giorno nella zona interessata. È chiaro, inoltre, che questa decisione costituisce un precedente importante che ha dato il via a innumerevoli ricorsi da noi gestiti giornalmente.

Tutto quanto sin qui esposto per le Ztl è assimilabile, per analogia, anche alle corsie riservate. Infatti, il Codice della Strada, all'art. 7 comma 14, sottopone a identica disciplina sia l'accesso alle zone a traffico limitato sia la circolazione sulle corsie riservate.

Multa su corsia riservata: chi può elevarla?

Come per le Ztl, a elevare la multa per passaggio o sosta sulla corsia riservata possono essere le telecamere e il personale dipendente delle aziende di trasporto pubblico (ad esempio Atac per Roma, Atm per Milano ecc.). Invece, secondo la Cassazione, **non sono legittimati**, come già detto, a fare le multe per il passaggio sulle corsie riservate, **gli ausiliari del traffico**. I cosiddetti "vigilini", infatti, hanno competenza, come già specificato nel capitolo sulla sosta, solo per le infrazioni relative alla sosta sulle strisce blu e nelle zone strettamente adiacenti.

Violazioni multiple per accesso in Ztl o corsia preferenziale
Passare più volte in pochi minuti oltre la striscia gialla, sulla corsia riservata ai mezzi pubblici, non può essere multato con più sanzioni. L'automobilista che, nello stesso giorno e a distanza di pochi minuti, si immette più volte nella **corsia riservata ai mezzi pubblici,** non può essere multato più di una volta; pertanto, qualora tu abbia collezionato più **contravvenzioni**, sei legittimato (hai diritto) a pagare solo il primo verbale. A dirlo è il **Giudice di Pace di Milano** con la recente sentenza n. 1376 del 10.02.2016.

Infatti, il conducente può beneficiare della cosiddetta **"continuazione"** fra le diverse infrazioni sicché le stesse, riconducendosi alla medesima condotta, non possono essere sanzionate in più occasioni. Nel caso di specie, l'automobilista aveva ricevuto ben quattro verbali per violazioni commesse nel giro di 15 minuti per aver oltrepassato la **striscia gialla continua** della carreggiata riservata agli autobus.

Il Codice della Strada, all'art. 7 comma 14, stabilisce che «la violazione del **divieto di circolazione nelle corsie riservate ai mezzi pubblici di trasporto**, nelle aree pedonali e nelle **zone a traffico limitato** è soggetta alla sanzione amministrativa del pagamento di una somma da euro 80 a euro 323». Tuttavia, nel caso di due o più infrazioni uguali commesse a pochi minuti di distanza, come nel caso in esame, le infrazioni si possono considerare come facenti parte di "**una condotta unitaria**" e, come tali, sanzionabili secondo il "**principio della continuazione**" previsto dal codice penale (**art. 81 co. 2 Codice Penale**). Pertanto, conclude la sentenza, il contravventore potrà estinguere le contravvenzioni mediante il pagamento soltanto della **prima multa** in ordine di tempo, con conseguente annullamento dei verbali successivamente elevati e delle relative sanzioni.

RIEPILOGO DEL CAPITOLO 8:

- SEGRETO n. 1: i dispositivi per le rilevazioni delle Ztl e corsie preferenziali DEVONO essere muniti della relativa omologazione.

- SEGRETO n. 2: l'omologazione è valida unicamente per il soggetto che la richiede e DEVE essere rinnovata sia se il soggetto cambia, sia in caso di trasferimento.

- SEGRETO n. 3: le multe per accesso a Ztl e corsia preferenziale sono nulle anche quando nel verbale non sono indicati gli estremi precisi e dettagliati della relativa ordinanza autorizzativa.

- SEGRETO n. 4: nei frequenti casi di violazioni multiple ravvicinate, puoi avvalerti di una norma del codice penale che assimila e ingloba le violazioni in un'unica sanzione.

Puoi accedere alla nostra consulenza gratuita in qualsiasi momento, vai su cancellamulte.com e segui le istruzioni per chiamarci o scrivici a info@cancellamulte.com o contattaci su whatsapp al numero +39 391 4627497.

Capitolo 9:

Il ricorso per guida con cellulare e senza cinture

Non smetterò mai di ripeterlo, il **Codice della Strada va rispettato**, così come vanno evitati tutti i comportamenti che possono rendere potenzialmente pericolosa la circolazione, sia per te stesso, sia per gli altri.

Quali sono i comportamenti vietati?

L'uso del cellulare alla guida è vietato dal Codice della Strada (**art. 173 C.d.S.**). La norma vieta *qualsiasi* utilizzo:

- dalla telefonata all'invio degli sms;
- dalla chat su WhatsApp all'impiego delle mappe per orientarsi con la strada;
- dalla consultazione della rubrica telefonica o della lista degli appuntamenti al semplice rifiuto di una chiamata.

Insomma, la mano non può **mai** posarsi su uno smartphone, a prescindere dalle ragioni. Non è una scusa che regge quella di chi viene colto con il cellulare in mano e si giustifica dicendo di aver controllato soltanto il nominativo della chiamata in entrata: anche in tale ipotesi la multa è legittima. È vietato usare il cellulare in viva voce tenendolo con una sola delle due mani: *ciò che la legge non consente non è tenere occupato l'orecchio, ma distogliere le dita dallo sterzo.* Si può utilizzare lo smartphone con le cuffie, ma almeno un orecchio deve rimanere libero dall'auricolare per essere "connesso" coi rumori circostanti del traffico.

È sicuramente consentito usare il telefonino collegato al bluetooth dell'auto, ma la sincronizzazione deve essere curata **prima** di iniziare a guidare poiché, dopo, non è più consentito giocherellare col dispositivo. È possibile usare il telefono con i comandi vocali se lo si adagia su un piano dell'automobile, come il sedile del conducente, sempre a patto di non sfiorare il display.

Il cellulare, in definitiva, non può essere impiegato durante la marcia. L'auto non deve necessariamente essere in movimento. Per "marcia" si intendono le normali manovre di guida: quindi è vietato prendere in mano lo smartphone quando si è in fila nel traffico, al semaforo o al casello. È possibile usarlo quando si è ancora all'interno del parcheggio anche se il motore è acceso.

Il telefono non si può toccare nemmeno per rifiutare una chiamata; te lo ripeto: **la norma ne vieta qualsiasi uso**. Lo ha precisato il tribunale di Bari: «È vietato al conducente di far uso durante la marcia di apparecchi radiotelefonici ovvero di usare cuffie sonore, fatta eccezione per i conducenti dei veicoli delle Forze armate e dei Corpi di cui all'articolo 138 comma 11, e di polizia. È consentito l'uso di apparecchi a viva voce o dotati di auricolare purché il conducente abbia adeguate capacità uditive a entrambe le orecchie e non richiedano per il loro funzionamento l'uso delle mani».

Veniamo ora al problema più sentito: quello della multa e dell'eventuale **sospensione della patente**. A oggi, nonostante le numerose voci di corridoio, chi viene colto con il cellulare alla guida NON rischia la sospensione della patente *a meno che non ripeta la stessa infrazione nell'arco del successivo anno*. In buona sostanza, le cose stanno nel seguente modo. **La multa per uso di cellulare alla guida** è di 161 euro, con **decurtazione di 5 punti** dalla patente. La patente viene però sospesa se, *nei 12 mesi dopo la* *prima infrazione, lo stesso conducente viene multato per la stessa ragione.* Se invece la seconda multa avviene al terzo anno dalla prima, scatta di nuovo soltanto la sanzione di 161 euro e la sottrazione di 5 punti, *senza* sospensione della patente.

Guida con cellulare: quanto è pericoloso?

Chi usa il cellulare alla guida si sottopone allo stesso rischio di chi guida a 300 km/h. La ragione è molto semplice ed è intuibile con un calcolo matematico. Anche solo per leggere un nome sullo schermo, si impiegano circa tre secondi durante i quali è un po' come guidare "bendati" per 100 metri: a 130 all'ora si fanno 36 metri al secondo. A 300 all'ora i metri al secondo diventano 83, è difficile restare concentrati, quindi il tempo di reazione resta intorno a un secondo. I rischi, poi, aumentano a dismisura quando si pretende di scrivere messaggi e post. Lo stesso dicasi per il mancato uso dei sistemi di sicurezza (LE CINTURE) sia quelli in dotazione su ogni autoveicolo sia quelli appositi per bambini; non utilizzarli ci espone inutilmente a rischi facilmente evitabili.

Detto questo, ricordiamo che, quando ti fermano e ti fanno la multa, poco puoi dire a tua difesa, anche se ti consiglio di contattarci subito per una valutazione gratuita direttamente via email a info@cancellamulte.com, seguendo le indicazioni del sito per raggiungerci al telefono o contattandoci su whatsapp al numero +39 391 4627497.

Infatti, di altro genere è la multa che ti arriva SENZA essere stato fermato. In questo caso, e per queste tipologie di sanzioni, possiamo mettere in discussione quanto contenuto nel verbale EVITANDO la querela di falso.

La censura pervenuta, infatti, non può in alcun modo essere superata dall'arcaico principio per cui il verbale di violazione del Codice della Strada fa piena prova sino a querela di falso, ex art. 2700 c.c. La condotta illecita che ti contestano, difatti, si estrinseca in una realtà dinamica. La Suprema Corte di Cassazione si è copiosamente e pacificamente pronunciata nel senso di **non riconoscere fede privilegiata** ai verbali di accertamento di violazione del Codice della Strada, qualora questi addebitino **fatti non oggettivi**, ma filtrati dalla percezione sensoriale e fallace del verbalizzante, laddove tu non sia stato fermato e **non ti sia stata immediatamente contestata la contravvenzione.**

La sentenza n. 17106 del 3.12.2002 ha affermato che «*non può essere attribuita la fede privilegiata né ai giudizi valutativi, né alla menzione di quelle circostanze relative ai fatti avvenuti in presenza di pubblici ufficiali che possono risolversi in suoi apprezzamenti personali, perché mediati attraverso l'occasionale percezione sensoriale di accadimenti che si svolgono così repentinamente da non potersi verificare e controllare secondo un metro obiettivo*».

Vi è di più: «*per contestare le affermazioni contenute in un verbale proveniente da un pubblico ufficiale su circostanze oggetto di percezione sensoriale, e come tali suscettibili di errore di fatto, non è necessario proporre querela di falso, ma è sufficiente fornire prove idonee a vincere la presunzione di veridicità del verbale*» (*sent. Cass. 20.7.2001 n. 9909*).

Si cita ancora la *sentenza n. 15324* del *21.7.2005* secondo la quale la pubblica fede di un verbale «*non sussiste né con riferimento ai giudizi valutativi che esprime il pubblico ufficiale, né con riferimento alla menzione di quelle circostanze relative a fatti che, in ragione della loro modalità di accadimento, non si siano potuti verificare e controllare secondo un metro sufficientemente obiettivo e, pertanto, abbiano potuto dare luogo a una percezione sensoriale implicante margini di apprezzamento, come nell'ipotesi che quanto attestato da un pubblico ufficiale sia afferente non alla percezione di una realtà statica, bensì all'indicazione di un corpo od oggetto in movimento...»*

La descrizione dei fatti come avvenuti deve portare a un'inequivocabile condotta illecita che non può essere dimostrata senza la contestazione immediata. Chi era alla guida era di sesso maschile o femminile? Usava la mano destra o la sinistra? Un'attenta lettura del verbale ti consente di mettere in evidenza tutti i vizi formali e sostanziali che contiene e, come hai ormai capito, li contiene sempre!

Puoi accedere alla nostra consulenza gratuita in qualsiasi momento, vai su cancellamulte.com e segui le istruzioni per chiamarci o scrivici a info@cancellamulte.com o contattaci su whatsapp al numero +39 391 4627497.

RIEPILOGO DEL CAPITOLO 9:

- SEGRETO n. 1: il codice vieta QUALSIASI uso del cellulare durante la marcia.

- SEGRETO n. 2: utilizzare il telefono mentre si guida equivale a guidare BENDATI.

- SEGRETO n. 3: se non ti hanno fermato, valuta con attenzione quanto riportato nella descrizione dei fatti: puoi impugnare il verbale anche in assenza di querela di falso.

- SEGRETO n. 4: fare un corretto uso delle cinture di sicurezza evitando di utilizzare il cellulare mentre guidi salva la vita a te, ai tuoi passeggeri e agli altri.

Puoi accedere alla nostra consulenza gratuita in qualsiasi momento, vai su cancellamulte.com e segui le istruzioni per chiamarci o scrivici a info@cancellamulte.com o contattaci su whatsapp al numero +39 391 4627497.

Capitolo 10:
Il ricorso per passaggio col rosso

La contravvenzione deve essere contestata immediatamente: la polizia deve fermare l'auto e elevare il verbale nell'immediatezza dei fatti. Le multe subìte per prosecuzione della marcia con semaforo rosso possono essere impugnate. Anche queste multe possono essere annullate!

Il mancato arresto del veicolo di fronte al segnale rosso del semaforo comporta una sanzione pecuniaria e la decurtazione dei punti sulla patente. Il che tradotto in termini pratici significa: **chi passa col rosso viene multato**. A questo tipo di punizione è diventato difficile sfuggire, giacché, al fine di rilevare le infrazioni al Codice della Strada, si fa attualmente ricorso a sofisticati dispositivi di controllo elettronico.

Spesso, soprattutto nelle zone a traffico più intenso e negli incroci più ampi e con visibilità ridotta, vengono installate delle piccole

telecamere ai semafori. Ti sarà senz'altro capitato di notarle e di chiederti **come difenderti in caso di multa al semaforo rosso con telecamera?** Si tratta del sistema noto come "Photored" (o T-Red o Vista-Red), che deve essere omologato dal Ministero delle Infrastrutture e dei Trasporti. Il sistema si attiva soltanto a semaforo rosso. Nel momento in cui oltrepassi con il tuo veicolo la linea di arresto, la tua marcia illegittima viene rilevata da appositi sensori posizionati nell'asfalto. Entrano, così, in funzione due telecamere, ciascuna delle quali ha una funzione precisa.

In particolare, una, a colori, fotografa il semaforo per rilevarne lo stato e l'altra, a infrarossi, fotografa la targa del tuo veicolo. Diversamente da quanto avviene con riguardo ai sistemi di autovelox e tutor, la cui presenza, oltre a dover essere perfettamente visibile, deve essere obbligatoriamente presegnalata, **non è necessario che il sistema T-Red sia preannunciato all'automobilista da appositi cartelli**.

Dunque, l'accertamento della violazione del Codice della Strada, con sistema T-Red, resta valido anche in assenza del segnale di preavviso. La Corte di Cassazione ha tuttavia chiarito che, **ai fini**

della validità della multa, è necessaria la contestuale presenza di agenti, in prossimità del luogo della rilevazione, i quali procedano immediatamente alla contestazione dell'infrazione e all'elevazione della contravvenzione.

In altri termini, nelle vicinanze del punto in cui viene rilevata l'infrazione che hai commesso, deve esservi un agente che blocchi il tuo veicolo e, dopo averti consegnato la multa, ti dia la possibilità di difenderti. Devi tenere presente, però, che se l'obbligo di contestazione immediata vale nella generalità dei casi in cui si pongono esigenze di rallentamento del traffico (ad esempio ove vi siano strisce pedonali), non opera, invece, quando oltrepassi un semaforo rosso inteso a regolare la viabilità a un incrocio.

In questo caso, sul tuo diritto di difesa prevale l'esigenza di tutela del traffico. Tuttavia, come osservato dalla Corte di Cassazione, affinché la multa sia considerata valida anche in assenza di agenti, è necessario che sul posto dell'accertamento siano installati *dispositivi omologati e perfettamente funzionanti.*

Come difenderti in caso di multa al semaforo rosso con telecamera?

Come tutte le infrazioni al Codice della Strada, anche il passaggio con il **semaforo rosso** integra, quindi, la violazione delle norme di comportamento che sei tenuto a osservare quando sei alla guida del tuo veicolo. Di fronte a un semaforo rosso devi fermare il tuo veicolo *prima* della cosiddetta **linea di arresto** (la linea di demarcazione orizzontale tracciata sull'asfalto). Ove la linea di arresto sia assente o poco visibile, devi fermare comunque il veicolo ed evitare di impegnare l'incrocio o le strisce pedonali, nonché di oltrepassare il segnale (art. 41 comma 11, Codice della Strada).

Probabilmente ti sarà capitato di oltrepassare il semaforo rosso per distrazione, per fretta, perché in quell'orario la strada era completamente deserta. Ti sarai chiesto a quali conseguenze espone un simile comportamento. Il Codice della Strada (art. 146 comma 3) prevede espressamente che proseguire la marcia senza tenere conto delle segnalazioni semaforiche che la vietano comporta l'irrogazione di una sanzione amministrativa pecuniaria che va da 162,00 a 646,00 euro.

L'importo della multa può anche aumentare in base alle circostanze in cui viene commessa l'infrazione. In particolare, la legge prevede che nel caso in cui tu commetta la violazione nella fascia oraria compresa tra le 22:00 e le 7:00, l'importo della sanzione aumenta (norma presente solo in Italia!) fino a un terzo (art. 195 comma 2-*bis*, Codice della Strada). Quindi, nell'ipotesi in cui dovessi oltrepassare il semaforo rosso alle 2:00, la multa che subiresti non sarebbe pari a 162,00 euro, bensì 216,00 euro (ovvero 162,00 + 54,00).

Naturalmente, nella determinazione della somma da pagare a titolo di multa si tiene conto di vari fattori, tra cui la velocità alla quale il veicolo procedeva al momento della violazione. Ne consegue che, ove tu sia passato col semaforo rosso nelle ore notturne, per di più a una velocità superiore di 10 km/h rispetto a quella consentita in quel tratto di strada, l'importo della multa potrà essere anche più elevato della soglia massima prevista (ad esempio potrebbe essere pari a 692,00 euro).

Devi tenere presente, inoltre, che alla sanzione pecuniaria si affianca la decurtazione di **6 punti sulla patente**, che possono essere **12 ove tu sia un neopatentato**. È inoltre prevista la sospensione della patente, da uno a tre mesi, nel caso in cui, in un periodo di **due anni**, commetti due volte la stessa infrazione (art. 146, co. 3-*bis*, Codice della Strada).

Secondo la Corte di Cassazione (Cfr. Corte di Cassazione, sent. n. 24248/2009), il verbale di multa per passaggio con **semaforo rosso** non può essere considerato valido se la violazione non ti è stata contestata immediatamente dagli agenti sul posto in cui l'hai commessa. Questo è un ulteriore motivo per opporti al verbale. A tale riguardo, la Corte ha chiarito che la necessità di contestazione immediata della trasgressione è richiesta **per consentirti di esercitare il tuo diritto di difesa**.

Tuttavia, devi tenere presente che sono previste circostanze eccezionali in cui gli agenti possono evitare la contestazione immediata. In tali casi, però, è necessaria l'indicazione, nel verbale, **delle ragioni per le quali sia stato per essi impossibile bloccare immediatamente il tuo veicolo**. L'omessa o inidonea indicazione di tali motivi, costituisce, ancora una volta, una ragione per opporti alla sanzione, giacché rende illegittimi sia il verbale sia la multa

(Cfr. Giudice di Pace, Sez. Torre Annunziata, sentenza n. 4963/18 e Corte di Cassazione, sentenza n. 17687/2007).

Sulla base di quanto previsto dalla legge (cfr. art. 201, Codice della Strada), la Corte di Cassazione ha affermato che gli agenti non hanno l'obbligo di contestare immediatamente l'infrazione nel caso in cui attraversi un incrocio con semaforo rosso o nel caso in cui la violazione venga rilevata con dispositivi o apparecchiature gestiti direttamente dagli organi della Polizia Stradale (cfr. Corte di Cassazione, sentenza n. 8285/2016). In questo secondo caso, si richiede inoltre che i dispositivi elettronici installati siano stati *omologati* dal Ministero delle Infrastrutture e dei Trasporti. In queste due circostanze eccezionali, ove tu voglia opporti alla multa subìta, dovrai riuscire a dimostrare che la videocamera non era correttamente funzionante, nonché l'eventuale mancanza dei requisiti di omologazione (cfr. Cassazione, sentenza n. 4255/2015).

Un caso particolare: semaforo rosso con conto alla rovescia

In aggiunta al **sistema T-Red**, è stata prevista la possibilità di dotare le lanterne semaforiche di dispositivi con il conto alla rovescia, cosiddetti "countdown" (cfr. Decreto 27 aprile 2017

Ministero delle Infrastrutture e dei Trasporti, recante "Caratteristiche per l'omologazione e per l'installazione di dispositivi finalizzati a visualizzare il tempo residuo di accensione delle luci dei nuovi impianti semaforici") già in uso in alcune città.

La funzione di tali congegni elettronici è quella di consentirti di visualizzare il tempo rimanente al passaggio da una luce semaforica all'altra. Nel momento in cui si accende uno dei tre segnali luminosi, parte un conto alla rovescia, in secondi, che si arresta con il numero 1, ossia quando manca un secondo all'accensione del colore successivo. Peccato che una funzione così utile sia stata adottata pochissimo... forse il numero delle multe emesse sarebbe diminuito a dismisura?

In questo modo, infatti, sai con esattezza quando scatterà il rosso e puoi controllare con maggiore attenzione la marcia del tuo veicolo, così da evitare di subire una contravvenzione o di causare un sinistro per via di una condotta circolatoria trasgressiva. Il decreto del Ministero dei Trasporti con il quale è stata prevista l'installazione dei dispositivi countdown stabilisce le caratteristiche per l'omologazione e il funzionamento degli stessi. In particolare:

- devono essere installati sulla lanterna semaforica, in alto, ossia al di sopra dei dispositivi luminosi principali, fino a un'altezza massima di 4 metri dal piano viario;

- forma, dimensione e fissaggio devono essere analoghi a quelli del semaforo a cui vengono associati;

- il colore della luce del dispositivo countdown deve corrispondere a quello delle luci principali della lanterna semaforica (quindi i numeri di indicazione del tempo rimanente saranno verdi, gialli o rossi, a seconda del segnale luminoso di cui preavvisano l'accensione);

- le luci countdown devono essere perfettamente visibili;

- la luminosità del dispositivo countdown deve essere identica a quella dei dispositivi semaforici;

- devono possedere determinate caratteristiche fisiche di omologazione.

Nell'ipotesi in cui tu subisca una contravvenzione per aver proseguito la marcia vietata da un semaforo integrato con countdown, potrai impugnare la stessa ove i dispositivi non siano funzionanti o difettino dei requisiti di installazione e di omologazione richiesti dalla legge.

Sistema T-Red: dopo quanti secondi scatta la foto?

Posto che il sistema **Photored** si attiva unicamente quando scatta il rosso, una ragione per impugnare la multa che ti è stata irrogata per passaggio con semaforo rosso potrebbe essere il mancato rispetto dei tempi entro cui la telecamera deve attivarsi. Secondo un'interessante sentenza del Tribunale di Urbino (sentenza n. 281 del 19.10.2012), nel momento in cui la polizia usa l'apparecchiatura Vistared, questa deve essere predisposta in modo da entrare in funzione dopo un certo tempo da quando scatta il segnale rosso.

Questo tempo non deve essere inferiore a 500 millesimi di secondo. Ne consegue che, ove la telecamera si attivi dopo 10 millesimi di secondo da quando è scattato il rosso, la multa sarà illegittima e il giudice sarà tenuto ad annullare il verbale di contestazione. Devi inoltre tenere presente che il sistema T-Red si attiva soltanto quando scatta il **semaforo rosso**.

Elemento essenziale di verifica: la foto

Le **multe per eccesso di velocità** e quelle per **passaggio con il semaforo rosso** ti possono essere contestate tramite la prova della **fotografia scattata dall'autovelox** alla targa dell'automobile, ma ad alcune condizioni, *in assenza delle quali la multa stessa è nulla*. A ricordare tali regole è una recente sentenza del Tribunale di Lecce (sentenza n. 2172/2016). Eccole qui di seguito.

Autovelox anche per il passaggio col rosso

Innanzitutto è bene chiarire che l'apparecchio **autovelox a rilevazione automatica**, quello cioè che non necessita della contemporanea presenza della pattuglia di polizia per poter funzionare, può essere utilizzato per scattare foto sia alle auto che violano i limiti di velocità, sia a quelle che passano con il rosso. Dunque, lo stesso strumento può fornire due importanti dati alla polizia che, pertanto, *dovrebbe verificare* la correttezza della fotografia scattata dal dispositivo di controllo automatico *prima* di inviare la multa a casa del *presunto* trasgressore. Purtroppo ancora una volta scoprirai che, più spesso di quanto immagini, i dispositivi installati sono tarati e gestiti solo per fare multe e quindi incassare i tuoi soldi.

La taratura deve avvenire almeno una volta all'anno

In entrambi i casi – ossia tanto per le multe elevate per eccesso di velocità quanto per quelle per passaggio con il semaforo rosso – è necessario che l'**autovelox automatico** sia stato oggetto di **revisione e taratura** almeno una volta all'anno. Ciò è stato sancito dalla Corte Costituzionale con una sentenza che ha dichiarato parzialmente illegittimo il Codice della Strada nella parte in cui, appunto, non prevede l'obbligo di tali controlli periodici: controlli che si rendono necessari per garantire il buon funzionamento di dispositivi che, per l'accuratezza dei calcoli a cui sono chiamati, è bene che rispondano alle massime garanzie di precisione.

I certificati di tali controlli periodici devono essere esibiti all'automobilista, qualora ne faccia richiesta, presso l'organo che ha elevato la contravvenzione. È bene sempre che documenti tale richiesta, di modo che, se l'amministrazione non risponde, potrai sempre, in un'eventuale impugnazione, fornire le prove della tua attività preliminare e, in caso di rigetto del ricorso, evitare quantomeno la condanna alle spese.

Se il certificato non viene prodotto neanche in corso di causa, la multa dovrà essere annullata. La sentenza in commento precisa infatti che le amministrazioni che utilizzano rilevatori fotografici anche per le infrazioni al passaggio con semaforo rosso sono tenute a fare eseguire le verifiche tecniche e le eventuali **tarature** con cadenza <u>almeno</u> annuale, a supporto della corretta funzionalità dei dispositivi stessi. In assenza della prova dell'avvenuta verifica dell'apparecchiatura rilevatrice almeno un anno prima dell'accertamento dell'infrazione, deriva l'annullamento della contravvenzione.

Come deve essere la fotografia al semaforo rosso

La sentenza offre infine un suggerimento per contestare le fotografie scattate al passaggio dell'auto al semaforo rosso. In tale ipotesi, infatti, occorrono *almeno* **due precisi fotogrammi**:

- nel primo deve essere rappresentata l'intera sagoma dell'auto **prima della linea di stop** e con semaforo rosso;
- nel secondo, invece, la vettura deve essere ripresa con l'intera sagoma **oltre la linea di stop** e con semaforo rosso.

Solo in presenza di tali elementi può ritenersi documentata l'infrazione. Infatti, qualora non venga seguita questa procedura, non è possibile acclarare con certezza che l'auto abbia effettuato il superamento della linea semaforica quando già proiettava luce rossa, ben potendo la stessa avere iniziato l'attraversamento con luce gialla, in seguito divenuta rossa.

Foto esempio corretta:

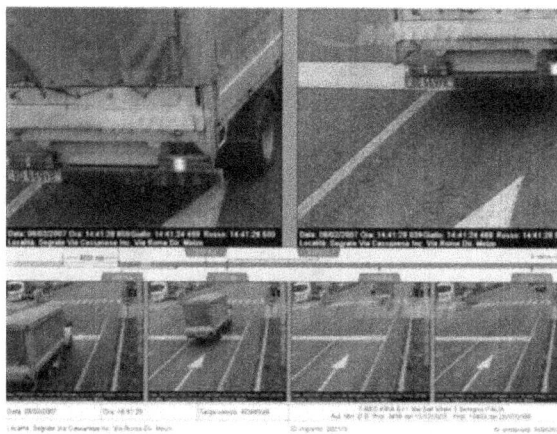

Foto esempio NON corretta (a Milano sono tutte così):

Immagine 1

Immagine 2

DIREZIONE CENTRALE POLIZIA MUNICIPALE

Dettaglio Targa

II°immagine

DATI RIEPILOGATIVI

Data Transito

Ora Transito

Nome Varco
Sforza Porta Vittoria

Matr. Impianto
593-100/60395

Targa Veicolo

Pagina 2 di 2

Cosa contestare con il ricorso

Riassumendo, i motivi per i quali potresti proporre **ricorso contro la multa per passaggio con semaforo rosso** sono i seguenti:

- La mancata contestazione immediata nei casi in cui è obbligatoria o notifica del verbale avvenuta oltre 90 giorni da quello in cui hai commesso l'infrazione.

- I vizi di forma del verbale li conosci già ma ripeterli aiuta (ad esempio, la mancata indicazione nello stesso del giorno, dell'ora e della località nei quali hai commesso *la presunta violazione*, delle tue generalità, degli estremi della patente di guida, del tipo del veicolo e della targa, la mancata esposizione sommaria del fatto, la mancata citazione della norma violata e le eventuali dichiarazioni che chiedi di inserire nel verbale (*in caso di contestazione immediata*). Se vieni sanzionato per passaggio con semaforo rosso, il verbale si considera incompleto anche quando in esso non viene indicato il modello e il numero di matricola del dispositivo di rilevazione utilizzato, nonché il tempo entro cui le telecamere si attivano una volta scattato il rosso. Rende illegittimo il verbale anche la mancata indicazione dei motivi per i quali non è stato possibile contestarti immediatamente la multa.

- L'indimostrabilità della targa del tuo veicolo attraverso le immagini scattate dal dispositivo di rilevazione della trasgressione. **Le foto devono consentire di vedere nitidamente la targa del tuo veicolo**, onde evitare incertezze.
- Il non corretto funzionamento delle telecamere e dei dispositivi accessori (ad esempio il countdown, quando installato) o la mancanza dei requisiti di omologazione.

- L'attraversamento dell'incrocio con semaforo rosso per uno stato di necessità. Ad esempio nel caso in cui tu abbia trasgredito al segnale rosso del semaforo perché ritenevi di trovarti in una condizione che rendeva necessario proseguire la marcia. Immagina l'ipotesi in cui, a causa di lancinanti dolori allo stomaco e al petto, tu ti sia affrettato a raggiungere l'ospedale per timore che si trattasse di qualcosa di grave. Chiaramente, deve trattarsi di una situazione di reale urgenza e in cui vi sia stato il pericolo attuale di possibili conseguenze gravi.

RIEPILOGO DEL CAPITOLO 10:

- SEGRETO n. 1: a parte rare eccezioni, la regola generale è che ti devono fermare; se non lo fanno, ti puoi opporre in modo efficace.

- SEGRETO n. 2: gli strumenti utilizzati devono sempre essere omologati e, a seconda del tipo, tarati almeno una volta l'anno.

- SEGRETO n. 3: la taratura, oltre a esistere, per essere validamente riconosciuta DEVE essere indicata nel verbale; in assenza, la multa è nulla.

- SEGRETO n. 4: la documentazione relativa all'omologazione DEVE essere esibita se richiesta; in mancanza la multa è nulla.

- SEGRETO n. 5: la foto deve essere NITIDA e si deve poter leggere chiaramente la targa nonché riconoscere il modello dell'auto.

- SEGRETO n. 6: i fotogrammi devono essere almeno due e riprendere:
  a. il primo, il veicolo che si trova PRIMA della striscia di arresto con tutte e quattro le ruote e il semaforo già rosso;
  b. il secondo, sempre con semaforo rosso, il veicolo che oltrepassa la striscia di arresto **con tutta la sagoma**. Se le foto non sono come indicato, fai SEMPRE ricorso!

Puoi accedere alla nostra consulenza gratuita in qualsiasi momento, vai su cancellamulte.com e segui le istruzioni per chiamarci o scrivici a info@cancellamulte.com o contattaci su whatsapp al numero +39 391 4627497.

Capitolo 11:
Il ricorso per autovelox

Ogni giorno, non appena ci mettiamo alla guida, siamo un potenziale bersaglio di occhi elettronici e rilevatori disseminati in tutto il territorio. Quella che segue è un mappa aggiornata della situazione italiana (gli autovelox sono segnati con puntini rossi), giusto per farti rendere conto di come quello del rilevamento della velocità sia un altro pretesto per farci pagare tasse non dovute.

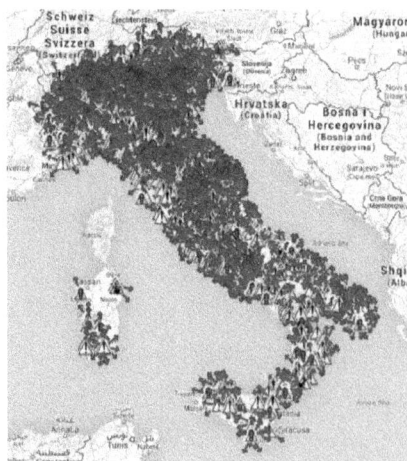

Quindi, anche se di solito sei molto attento a non superare i limiti stabiliti, soprattutto per ragioni di sicurezza, non è escluso che prima o poi ti debba trovare a fare i conti con una multa per eccesso di velocità.

L'autovelox è un dispositivo elettronico utilizzato per il rilevamento della velocità dei veicoli, al fine di accertare se vengono superati i limiti di velocità stabiliti dalla legge o dagli enti proprietari delle strade. Può consistere in un'apparecchiatura a postazione *fissa* lungo il percorso, oppure a postazione *mobile*, ovvero utilizzata, di volta in volta, dagli agenti accertatori (Polizia di Stato, Carabinieri, Guardia di Finanza, Polizia Municipale). In quest'ultimo caso, l'autovelox viene montato su un treppiedi per il tempo in cui gli agenti lo utilizzano.

Diverso è il laser, o telelaser, che viene impugnato dagli agenti e che deve essere utilizzato seguendo regole ben precise che ne garantiscano il corretto funzionamento.

Le multe previste per l'eccesso di velocità
Occorre ricordare un dato al quale spesso non prestiamo attenzione:

oltre ai limiti **massimi di velocità**, esistono anche quelli minimi (art. 141 C.d.S). Infatti, specie su determinate strade, il procedere troppo lentamente è di **ostacolo alla circolazione** e può anche costituire un pericolo.

Pensa a chi, procedendo a velocità sostenuta, sia pure entro il **limite massimo** previsto, dopo una curva si trovi improvvisamente davanti un veicolo che procede molto lentamente, quasi fermo: è molto probabile che si verifichi un incidente. Chi circola a velocità "da lumaca" può creare anche problemi ai **veicoli** incolonnati dietro di lui, i cui guidatori potrebbero cedere alla tentazione di un sorpasso anche quando le condizioni non sono ottimali. Non esiste, però, un limite minimo di velocità stabilito per legge: **sono gli enti proprietari delle strade a stabilirli**, quando ve ne sia la necessità, e quindi a segnalarli.

Vediamo le sanzioni previste per chi non si conforma ai **limiti di velocità** (art. 142 C.d.S):
- inosservanza dei limiti minimi di velocità, ovvero superamento dei limiti massimi di velocità di non oltre 10 km/h: sanzione amministrativa del pagamento di una somma da 41 a 168 euro;

- superamento dei limiti massimi di velocità di oltre 10 km/h e di non oltre 40 km/h: sanzione amministrativa del pagamento di una somma da 168 a 674 euro;

- superamento dei limiti massimi di velocità di oltre 40 km/h ma di non oltre 60 km/h: sanzione amministrativa del pagamento di una somma da 527 a 2.108, oltre alla sanzione amministrativa accessoria della *sospensione della patente di guida da uno a tre mesi.* (**N.B. Se il titolare della patente di guida incorre, entro il biennio successivo, nella stessa violazione, si applica la sanzione amministrativa accessoria della sospensione della patente da otto a diciotto mesi**);

- superamento dei limiti massimi di velocità di oltre 60 km/h: sanzione amministrativa del pagamento di una somma da 821 a 3.287 euro, oltre alla sanzione amministrativa accessoria della *sospensione della patente di guida da sei a dodici mesi.* Se il titolare della patente di guida incorre, entro il biennio successivo, nella stessa violazione, si applica la sanzione amministrativa accessoria della **revoca della patente** (la patente viene stracciata!);

- le suddette **sanzioni sono raddoppiate**, se commesse alla guida di uno dei seguenti veicoli: autoveicoli o motoveicoli utilizzati per il trasporto di merci pericolose, quando viaggiano carichi; treni costituiti da un autoveicolo e da un rimorchio; autobus e filobus di massa complessiva a pieno carico superiore a 8 tonnellate; autoveicoli destinati al trasporto di cose o altri usi, di massa complessiva a pieno carico superiore a 3,5 tonnellate; autocarri di massa complessiva a pieno carico superiore a 5 tonnellate se adoperati per il trasporto di persone; mezzi d'opera quando viaggiano a pieno carico.

Autovelox: quando si può ricorrere?

Nel ricordarti che è importante che osservi i limiti di velocità prescritti dalla legge o dai gestori delle strade, a vantaggio della sicurezza di tutti, voglio portare la tua attenzione sui motivi che invece rendono nulli gli accertamenti.

Ecco quali possono essere i vari profili di **illegittimità della contravvenzione**:

- **Apparecchiatura non omologata**. Gli autovelox devono essere omologati al fine di essere utilizzati. Ciò significa che la ditta produttrice deve depositare un esemplare dell'apparecchiatura presso il Ministero dei Trasporti.

Quest'ultimo, fatte le opportune verifiche, procede all'omologazione. Successivamente, sarà possibile l'utilizzo di apparecchi autovelox identici al modello depositato. L'omologazione risulta da apposita certificazione.

- **Apparecchiatura non tarata**. Oltre a essere omologati, gli autovelox sono sottoposti a un controllo periodico – la taratura deve avvenire annualmente – che risulta anch'esso da apposita certificazione.

- Mancanza di adeguata **segnalazione dell'autovelox**. Gli apparecchi devono essere adeguatamente segnalati mediante cartelli stradali e dispositivi luminosi. Per quanto riguarda la distanza tra i segnali o i dispositivi luminosi e il luogo in cui si trova l'autovelox, essa deve essere di almeno 250 metri sulle autostrade e sulle strade extraurbane principali, di 150 metri sulle strade extraurbane secondarie e sulle strade urbane di scorrimento per le quali è prevista una velocità massima superiore a 50 chilometri orari, e di 80 metri su tutte le altre strade. La distanza massima, invece, non può essere superiore a 4 km.

- Mancata indicazione del limite di velocità. Perché possa essere contestato l'eccesso di velocità, è necessario che l'automobilista sia messo al corrente del relativo limite vigente sulla strada che sta percorrendo. Quindi la multa può essere annullata se manca il cartello con il limite di velocità. *Inoltre esso, in caso di incrocio, deve essere proposto una seconda volta.*

- **Postazioni di rilevamento non visibili.** Le postazioni che rilevano elettronicamente la velocità devono essere **visibili** all'utente della strada, sia nell'ipotesi in cui vengano presidiate da agenti, sia nel caso in cui si tratti di installazioni fisse. Se manca la pattuglia che provvede al rilevamento, occorre che gli apparecchi riportino *il simbolo dell'organo di polizia.* Nelle postazioni presidiate da agenti, invece, questi devono rendersi riconoscibili indossando l'uniforme e devono essere affiancati dall'auto *di servizio*, che si distingue grazie ai colori istituzionali e al simbolo dell'organo che provvede all'accertamento.

- Autovelox posizionato su **corsia di marcia opposta.** Se il provvedimento del Prefetto che autorizza l'installazione dell'autovelox prevede che questo sia posizionato soltanto su una corsia di marcia, con questa apparecchiatura non è possibile rilevare l'eccesso di velocità dei veicoli che procedono sulla corsia di marcia opposta.

- Irregolarità nel **verbale di contravvenzione.** Il verbale di contravvenzione di infrazione dei limiti di velocità rilevata tramite autovelox deve contenere alcuni elementi essenziali, alcuni comuni a tutti i verbali di contravvenzione, altri specifici per il tipo di infrazione contestata. *Questi dati dovresti conoscerli*, ma per praticità li riporto anche qui integralmente. Sono: luogo, giorno e ora dell'infrazione; indicazione dell'agente che ha proceduto all'accertamento; indicazione della norma violata; descrizione del fatto commesso dall'automobilista che, secondo l'agente accertatore, costituisce violazione di una norma del Codice della Strada; tipo di veicolo e targa; in caso di contestazione immediata, generalità e residenza del trasgressore ed estremi della patente di guida; qualora questi sia identificato, generalità del proprietario del mezzo; se è ammesso il pagamento della sanzione in misura ridotta, ammontare della relativa somma e modalità di pagamento; eventuali dichiarazioni che il trasgressore chiede vengano inserite nel verbale in caso di contestazione immediata; in caso di notifica successiva, specificazione delle ragioni per le quali la contestazione non è avvenuta immediatamente; indicazione dell'avvenuta taratura periodica dell'apparecchiatura e relativa data.

- **Notifica del verbale oltre i termini**. Se la contestazione non avviene immediatamente, il verbale deve essere notificato entro 90 giorni **dalla data dell'infrazione**.

Il provvedimento del Prefetto che consente l'uso di autovelox senza che ti fermino

Innanzitutto va ridetto che, in linea generale, le violazioni del Codice della Strada dovrebbero essere TUTTE contestate – quindi anche quelle per eccesso di velocità – nell'immediatezza del fatto e direttamente al trasgressore che verrebbe così identificato, e che, se lo vuole, può fare dichiarazioni da inserire nel **verbale di contestazione**.

Con la scusa che questo, però, non sempre è possibile, non essere fermati è praticamente diventato la regola, così come l'utilizzo di postazioni fisse senza agenti sul posto. Più facile, no? Chi non vorrebbe ricevere in automatico, migliaia di volte al giorno, dei soldi sul proprio conto corrente!

Dal momento che però ci sono delle regole, abbiamo scovato i sotterfugi utilizzati dalle amministrazioni per aggirarle e che, una volta conosciuti, possiamo utilizzare come arma per difenderci. Il Prefetto, infatti, deve stabilire, con proprio provvedimento, le strade lungo le quali non è previsto che la **contestazione** avvenga nell'immediatezza del fatto.

Quello che NESSUNA Prefettura tiene in considerazione è proprio il Codice della Strada, in quanto le regole per poter installare le postazioni fisse sono molto rigide e stabiliscono nei minimi dettagli quali sono le caratteristiche che la strada DEVE possedere per essere idonea allo scopo appena citato. Sai cosa abbiamo scoperto? Che nove volte su dieci il Prefetto con la sua ordinanza NON rispetta le prescrizioni del codice della Strada, ai sensi del combinato disposto dell'art. 200 Codice della Strada e dell'art. 4 D.Lg. 121/2002 convertito con L. 168/2002.

Secondo la recentissima sentenza della **Cassazione n. 12231/2016** del 14 giugno 2016: *«La mancata qualificabilità del tratto stradale ai sensi del citato articolo 4 comportava la **conseguente impossibilità e illegittimità del provvedimento prefettizio** di autorizzazione all'installazione di un dispositivo per il rilevamento a distanza della velocità, **con ulteriore consequenziale*** *illegittimità del suo impiego e di tutti gli scaturenti successivi verbali e atti»* [...] *«La discrezionale individuazione prefettizia delle strade ove non è possibile il fermo di un veicolo (e ove, quindi, può legittimamente evitarsi la contestazione immediata dell'infrazione al C.d.S. quanto alla velocità)* **non deve mai prescindere da quella che è la valutazione del tratto stradale».**

Effetti della mancata contestazione immediata, sottrazione punti, sospensione e revoca della patente

Dal momento che quasi mai ti fermano, a ricevere il verbale è il proprietario presso la **propria residenza**, al quale si risale tramite il numero di targa. In tal caso nel verbale di contravvenzione viene chiesto al proprietario di indicare i dati dell'effettivo conducente, cioè della persona che nel giorno e nell'ora in cui la violazione è stata accertata era alla guida del mezzo (sempre che non fosse lui stesso). *Su come gestire la dichiarazione dei punti patente troneremo più avanti con un approfondimento dedicato.*

Infatti, la sanzione pecuniaria prevista per l'**infrazione** viene posta a carico sia del proprietario del veicolo sia dell'effettivo conducente, *in solido* tra loro. L'espressione "in solido" vuol dire che il pagamento può essere effettuato, per intero, sia dall'uno che dall'altro, salvo poi, nei rapporti tra i due, far ricadere l'intera responsabilità solo sul reale trasgressore.

Ad esempio, se Tizio presta l'auto a Caio e questi commette un'infrazione al limite di velocità, la relativa multa potrà essere pagata per intero da Tizio o da Caio, *entrambi tenuti a farlo*. Se paga Tizio, poi chiederà a Caio, il vero responsabile, di rimborsarlo. In ogni caso il pagamento di uno estingue l'obbligo di pagamento dell'altro.

Il certificato di taratura e i 3 motivi di nullità

1° e 2° MOTIVO: *la multa è nulla se le operazioni di taratura non sono certificate e non avvengono in un autodromo a velocità di 230 km/h.* La questione è di quelle scottanti e ha già portato all'annullamento di migliaia di **multe con autovelox** fatte con apparecchi non a norma. Se manca il cosiddetto «**certificato di taratura**» la contravvenzione è **nulla**.

C'è una sentenza della Corte Costituzionale e un decreto del Ministero dei Trasporti che impongono una precisa procedura di verifica cui devono essere sottoposti gli strumenti di controllo elettronico della velocità. Il rispetto di questa procedura può essere verificato da qualsiasi cittadino e, in assenza di esso, la **multa è nulla**. Insomma, non è più una questione di interpretazione, ma di rispetto di un preciso standard di sicurezza che va certificato. Procediamo con ordine e vediamo, dunque **di cosa si tratta**.

Nel giugno del 2015, la Corte Costituzionale (sentenza n. 113/15 del 18.06.2015) ha detto che tutti gli apparecchi di controllo elettronico della velocità vanno sottoposti a **taratura** almeno una volta all'anno. Ciò vale sia per gli strumenti mobili (quelli cioè montati sui tradizionali treppiedi e, quindi, in costante presenza della pattuglia della polizia), sia per quelli fissi (collocati sulle colonnine o nei box a margine della strada, che funzionano in modo automatico, senza la supervisione delle autorità).

La taratura, che può essere compiuta da una ditta privata, va attestata con un apposito certificato, appunto il **certificato di taratura**. Come tutti i documenti della Pubblica Amministrazione, tale certificato non è "segreto" e il cittadino può chiedere di vederlo presentando un'istanza di accesso agli atti **in carta semplice** (ovvero gratis) all'autorità che ha emesso la contravvenzione.

Qui però si nasconde – come abbiamo già visto per le atre sanzioni – la trappola nella quale vogliono che tu cada. Secondo un decreto del Ministero dei Trasporti (parere n. 6169 dell'11.10.2017 cfr. anche Decreto Ministero Trasporti del 13.06.2017 in Gazz. Uff. n. 177/2017), recepito nella direttiva Minniti, **non basta una verifica generica**, magari di quelle formali come spesso succede in tante altre situazioni. È necessario che l'autovelox venga "prelevato" dalle mani della polizia e portato in un autodromo, per poter essere testato con auto lanciate a una velocità di 230 km/h.

Più in particolare, le prove vanno eseguite simulando diverse ipotesi di circolazione: da quelle a 30 km/h per finire con quelle, appunto, a 230 km/h, utilizzando sistemi di misura di riferimento in grado di tarare con incertezza estesa (con probabilità di copertura al 95%) non superiore allo 0,5% per velocità superiori a 100 km/h e a 0,5 km/h per velocità fino a 100 km/h.

Cosa succede se manca il certificato di taratura o se questo non attesta l'esecuzione delle suddette operazioni? L'autovelox non può dirsi "tarato" e, pertanto, la multa è nulla. Ritorniamo così a quanto anticipato all'inizio dell'articolo: l'organo giudicante NON può sottrarsi alla dichiarazione di illegittimità della contravvenzione non essendo più una questione di interpretazione ma di rigido rispetto della normativa; in altre parole, **il ricorso deve essere accolto PER LEGGE!** Ed è chiaro che se le operazioni di taratura non hanno rispettato la procedura ministeriale non possono considerarsi avvenute.

Chiaramente, prima di fare un **ricorso al Giudice di Pace** – che potrebbe risultare antieconomico visto che, per chi non vuole difendersi da solo, oltre alle tasse di accesso alla giustizia (da 43 euro fino a 1.000 euro di valore), si aggiunge anche la parcella dell'avvocato – c'è la possibilità di presentare un'istanza in autotutela all'organo che ha elevato la contravvenzione. È però verosimile che lo stesso risponda "picche", avendo esso stesso ritenuto corretto usare l'autovelox incriminato.

Allora si potrà procedere con un **ricorso al Prefetto** entro 60 giorni dal ricevimento della multa, ricorso che è completamente gratuito e può essere spedito con raccomandata A/R, via PEC o depositato a mano. Se quest'ultimo dovesse rigettare il ricorso, nei 30 giorni successivi alla notifica del rigetto resta sempre la carta dell'opposizione al Giudice di Pace.

3° MOTIVO: la multa deve contenere l'indicazione della taratura. *La Cassazione boccia tutte le multe fatte con autovelox: non basta che ci sia la taratura, ma questa va anche indicata nel verbale.*

Dopo la citata rivoluzionaria sentenza del 2015 della Corte Costituzionale che ha dichiarato illegittime tutte le **multe con autovelox** non sottoposti a revisione annuale (la cosiddetta "**taratura**"), la Cassazione, nell'agganciarsi a quanto detto dalla Consulta, ha confermato (**Cass. Ord. n. 5227/18 del 06.03.2018**): non basta che l'apparecchio sia stato sottoposto a controllo periodico, ma di ciò deve essere dato atto anche nel verbale.

Se la multa non riporta l'avvenuta taratura dell'autovelox è nulla. Come dire: non deve essere il cittadino, una volta ricevuta la contravvenzione, a doversi informare se la macchina che lo ha fotografato era o meno a norma di legge; è invece compito degli agenti documentare che le operazioni di revisione siano state fatte meno di un anno prima. *Puoi quindi dire addio alle multe per eccesso di velocità anche solo se il verbale non riporta l'avvenuta taratura dell'autovelox.*

Negli scorsi anni, la Cassazione ha preso atto dell'avvenuta dichiarazione di incostituzionalità citata del Codice della Strada a seguito della quale è stato imposto a tutti i misuratori elettronici della velocità di essere sottoposti a controllo periodico. L'assenza di verifiche di funzionamento può compromettere e pregiudicare i risultati rilevati dagli autovelox e, pertanto, l'omesso controllo delle apparecchiature è «intrinsecamente irragionevole».

Del resto, se è vero che le bilance del mercato rionale vengono sistematicamente tarate non c'è ragione per non farlo anche con strumenti di precisione millimetrica come gli autovelox, spesso spostati da un luogo a un altro e sottoposti a usura. Ne va dell'affidabilità del sistema di rilevazione che potrebbe variare sensibilmente nel tempo e non essere preciso. Ecco perché la Consulta ha imposto il check-up periodico. In forza di ciò, i giudici della Suprema Corte hanno decretato la nullità di tutte le multe per eccesso di velocità in caso di **autovelox non sottoposto a taratura** almeno una volta all'anno.

A quanto detto, viene aggiunto un ulteriore tassello. Non solo è necessario il controllo, ma nel verbale deve essere indicato l'avvenuto adempimento che rende affidabile il rilevamento. *Perché è importante questa pronuncia? Perché ti esonera da un compito che poteva, il più delle volte, se agivi in autonomia, pregiudicare il tuo diritto di difesa, visto il costante ostruzionismo della PA nei confronti dell'accesso alla documentazione che volevi verificare.*

NOTA: Ci è capitato spesso di difendere multe prese ad alte velocità *presumibilmente* commesse con mezzi che quelle velocità NON erano in grado fisicamente di raggiungerle perché troppo pesanti.

I segreti della comunicazione dati conducente
Ora vediamo come funziona questo aberrante articolo scritto in modo pessimo e applicato ancora peggio e che, secondo me, è la

prova regina che l'obiettivo della multa è solo FARTI PAGARE IL PIÙ POSSIBILE. Prima però vediamo come funziona.

Sapere chi è l'effettivo **conducente** è necessario quando è prevista la sanzione accessoria della sospensione o, addirittura, della revoca della patente; questa, infatti, può infliggersi solo a chi ha commesso l'infrazione, non a una persona diversa, anche se proprietaria del mezzo. Per questo, nel verbale è contenuta la richiesta, rivolta al proprietario, di indicare, entro 60 giorni dalla notifica, i dati dell'effettivo conducente. Le possibilità, a questo punto, sono due:

- Il proprietario <u>non</u> risponde. Ciò avviene, soprattutto, quando il proprietario sa di essere stato lui a **commettere l'infrazione** e non vuole subire la sanzione accessoria della sospensione o della revoca della patente. Riuscirà a evitare questo problema, perché resta incerto il soggetto che ha commesso l'infrazione; ma gli verrà comminata una seconda multa, da 282 euro circa.

- Il proprietario risponde, indicando i dati dell'effettivo conducente. In tal caso, la sanzione pecuniaria **ricadrà in solido su di lui e su chi ha commesso l'infrazione**, e quest'ultimo, se previsto, subirà la sospensione o il ritiro della patente. Questa soluzione potrebbe rappresentare un problema, nei casi in cui sia tu stesso, proprietario, a violare il Codice della Strada.

Come vedi, ti viene richiesto di fare una comunicazione ancora *prima* che la multa sia diventata definitiva. Se il codice ti permette di difenderti dalle multe, che come abbiamo visto possono essere annullate per mille ragioni diverse, perché mai devi essere costretto a mettere a rischio la tua patente **in anticipo**? Perché mai devi essere sottoposto alla minaccia di una nuova sanzione pecuniaria *prima ancora di aver esposto e/o dedotto le tue ragioni sia in fatto che in diritto?* Il buonsenso vorrebbe che questo obbligo non fosse contestuale alla ricezione della multa MA SOLO DOPO che sia trascorso il termine per impugnarla, non trovi?

Ti faccio riflettere anche su un altro punto: dal momento che l'obiettivo primario è quello di farti pagare, non importa *realmente* a nessuno come ti comporti per strada. Con una buona capacità reddituale puoi permetterti di scorrazzare su e giù per l'Italia come ti pare e piace; non verrai MAI fermato e senza comunicare MAI i dati del conducente pagherai le sanzioni che ti arrivano per non averlo fatto e la tua patente sarà sempre immacolata! Evviva la sicurezza! *Non è mai una questione di sicurezza, ma una questione di soldi, così è stato e così sarà sempre!*

Cosa ne pensa in proposito il Ministero dell'Interno

Anche se molti Comuni se ne infischiano, il Ministero dell'Interno (circolari ministeriali n. 3971/2011 e n. 7157/2011) è a più riprese intervenuto confermando che, in presenza del ricorso, la comunicazione, ove dovuta, è rimandata alla fine del procedimento amministrativo (ricorso al Prefetto) o giurisdizionale (ricorso al Giudice di Pace). Sarà pertanto dovuta solo se perdi il ricorso, e avrai quindi di nuovo 60 giorni di tempo da quando ti sarà notificato il rigetto del ricorso (Prefetto) o la sentenza di non accoglimento (Giudice di Pace). Peccato che questo non te lo scrivono mai da nessuna parte!

C'è poi una terza soluzione, che si ricava da una recente sentenza della Corte di Cassazione e che consente di evitare **sia la sanzione accessoria sia la seconda multa.** Questa possibilità esiste quando il veicolo viene utilizzato abitualmente da persone diverse *e il proprietario è in grado di dimostrarlo.* Questa situazione, il più delle volte, ti pone nell'impossibilità di conoscere o ricordare chi fosse alla guida della vettura in un certo momento. Ti ricordo che a oggi NON ESISTE alcun obbligo di tenere un registro di utilizzo della vettura (per carità!) quindi oggettivamente potresti davvero essere in difficoltà nel ricordare chi fosse alla guida *in caso di uso promiscuo del mezzo*.

Pensa al caso della tua famiglia, in cui la tua auto viene utilizzata anche da tua moglie e dai tuoi figli, che non dispongono di un veicolo proprio; oppure a quello dell'azienda, in cui il mezzo del titolare è a disposizione dei dipendenti.

Per avvalerti di questa possibilità, devi:

- Rispondere all'organo accertatore. Se non lo fai, subirai la seconda multa.
- Spiegare, nella risposta, che non sei in grado di ricordare chi abbia utilizzato il mezzo, spiegarne le ragioni e dimostrare la circostanza con idonea documentazione (ad esempio, stato di famiglia, elenco dipendenti ecc.). Dichiarare soltanto di "non ricordare" non è sufficiente, e non vale a evitare la seconda sanzione. **Quando accedi al portale** cancellamulte.com **per gestire il ricorso che prevede la comunicazione dei dati**

conducente puoi averla insieme al ricorso GRATUITAMENTE senza costi aggiuntivi.

Spiegazione dettagliata su come ti devi muovere

Quando ricevi una sanzione che prevede decurtazione di punti o, peggio, la sospensione della patente:

- leggi con attenzione il verbale e metti in evidenza, annotandoli, tutti i punti sui quali puoi fondare il ricorso;
- scrivi il ricorso e spediscilo;
- entro 60 giorni dalla notifica, spedisci all'ente accertatore anche una comunicazione indicando unicamente che fai ricorso e che non sei tenuto a fornire alcun dato, citando le circolari ministeriale che ti ho indicato;
- inserisci nella comunicazione, nel caso tu possa dimostrare un uso promiscuo del mezzo, che non puoi ricordare chi guidava.

In sostanza dici solo che hai fatto ricorso; ti sei preparato nel caso ti arrivi comunque la sanzione per non aver comunicato i dati del conducente.

- Se ti arriva ugualmente la multa – potrebbe capitare anche se segui alla lettera le mie indicazioni – verifica che il termine per notificartela sia comunque stato rispettato. L'80% delle multe emesse ai sensi dell'art. 126 bis (mancata comunicazione dei dati conducente) non lo rispetta!

- Come conti i giorni in questo caso? Devi contare 150 giorni dalla data di notifica dell'infrazione. Perché? Tu hai 60 giorni per comunicare e loro 90 per notificare, 60+90=150. Esempio: ti notificano sanzione il 20 marzo, tu hai tempo fino al 19 maggio per fare la comunicazione, non facendola commetti l'infrazione e loro hanno tempo 90 giorni dal 19 maggio, ovvero sino al 18 agosto, per notificartela.

- Se decidi di pagare la multa per eccesso di velocità, DEVI comunque gestire la comunicazione in modo consapevole. Se la sanzione prevede la sospensione o peggio la revoca della patente NON fare nulla, alla peggio, se stranamente non ci fossero motivi sufficientemente validi per opporsi con un ricorso efficace, pagherai la multa quando arriva e SALVERAI la tua patente per sempre!

Fac simile dichiarazione dati conducente

PER
BIANCHI LAURA
CORSO VERCELLE N. 8
20144 MILANO (MI)

SPETT.LE
DI POLIZIA LOCALE DI
VIA PRINCIPE EUGENIO N. 53
20155 MILANO (MI)

Oggetto: **GIUSTIFICAZIONE ai sensi dell'art.126 bis comma 2 del C.d.S.**
Rif.to verbale n. XXXXXXXX-XXXXXXXXXXX
Riferimento Accertamento Infrazione n. XXXXXXXXXXXXXXXX

La sottoscritta, **BIANCHI Laura**, nata a Milano (MI) il XX/XX/XXX, residente in Milano (MI) Corso Vercelli n. 8, in qualità di proprietaria dell'autoveicolo XXXXXXXX targato **XXXXXXX**, adeguandosi a quanto riportato nel verbale in oggetto,

DICHIARA

Di avvalersi da quanto previsto dall'art. 126/bis. del. D. Lgs. 30 aprile 1992, n. 285 e delle circolari ministeriali nn. 3971/2011 e 7157/2011, le quali statuiscono che si debba provvedere agli incombenti in esso previsti soltanto **dopo la definizione della contestazione,** la quale si perfeziona, o con il pagamento della contravvenzione, o con il rigetto dell'eventuale impugnativa proposta od infine, con il decorso dei termini per l'impugnativa senza che essa sia stata proposta **(impugnativa regolarmente presentata al (Prefetto di XXXX** oppure Giudice di Pace di XXXX.

Trattandosi di veicolo in uso a più soggetti non siamo in grado di determinare con assoluta precisione chi fosse alla guida nel giorno e nell'ora di cui alla presunta violazione.

Certa di aver adempiuto all'obbligo di legge, è gradita l'occasione per porgere distinti saluti.

Milano (MI),13/12/2018

Firma
Laura BIANCHI

RIEPILOGO DEL CAPITOLO 11:

- SEGRETO n. 1: gli autovelox sono nulli quando non sono tarati almeno una volta l'anno.

- SEGRETO n. 2: gli autovelox sono nulli quando non sono verificati con specifiche prove in autodromo.

- SEGRETO n. 3: gli autovelox sono nulli quando non sono tarati da soggetti appositamente autorizzati.

- SEGRETO n. 4: gli autovelox sono nulli quando la taratura non è indicata chiaramente e correttamente sulla multa.

- SEGRETO n. 5: gli autovelox sono nulli quando non sono visibili.

- SEGRETO n. 6: gli autovelox sono nulli quando non sono segnalati correttamente.

- SEGRETO n. 7: gli autovelox sono nulli quando riprendono altri veicoli vicini nello stesso senso di marcia.

- SEGRETO n. 8: il sistema sanzionatorio della comunicazione dei dati del conducente è un grande pasticcio giuridico e pessimamente interpretato.

- SEGRETO n. 9: puoi evitare la sanzione accessoria e la multa se dimostri l'uso promiscuo del mezzo (con idonea documentazione) e dichiari di non ricordare chi fosse alla guida.

- SEGRETO n. 10: anche se paghi la multa devi gestire in modo consapevole la comunicazione.

- SEGRETO n. 11: se hai una decurtazione dei punti o, peggio, la sospensione o revoca della patente NON fare MAI alcuna comunicazione e salvi punti e patente per sempre.

- SEGRETO n. 12: la multa che ricevi ai sensi art. 126 bis (mancata comunicazione dati conducente) quasi sempre è notificata in ritardo.

Puoi accedere alla nostra consulenza gratuita in qualsiasi momento, vai su cancellamulte.com e segui le istruzioni per chiamarci o scrivici a info@cancellamulte.com o contattaci su whatsapp al numero +39 391 4627497.

Capitolo 12:

Il ricorso per autovelox invisibile

Scout Speed, l'autovelox invisibile, ultima *trappola* tecnologica

Innanzitutto è opportuno ricordare che di Scout Speed si parla dal 2012, da quando il Ministero delle Infrastrutture e dei Trasporti approvò l'apparecchio prodotto dalla Sintel Italia, la stessa azienda che, all'inizio degli anni 2000, aveva lanciato il primo strumento per la rilevazione della velocità in modalità dinamica, il Provida (un modello di telelaser). **Comunemente definito invisibile, in quanto per il suo utilizzo non** *sarebbe* **obbligatoria la presegnalazione** (obbligo introdotto dall'allora ministro Alessandro Bianchi, nel 2007). Molte amministrazioni locali italiane li stanno acquistando, in quanto macchinari che non hanno bisogno di postazione fissa. Ecco i particolari e come funzionano.

Si chiama Scout Speed ed è il nuovo nemico degli automobilisti. Il motivo? È un autovelox del tutto invisibile: si monta all'interno delle auto di servizio, si può usare anche mentre la pattuglia è in movimento e può controllare le auto che viaggiano in entrambi i sensi di marcia, ma soprattutto *provano a faci digerire* che possa non essere segnalato.

Come funziona l'autovelox invisibile

Lo Scout Speed è un apparecchio poco ingombrante che viene collocato sul parabrezza all'altezza del specchietto retrovisore. La macchina effettua le rilevazioni con un radar che emette onde radio verso tutti i "bersagli" visibili, anche i veicoli che viaggiano in direzione opposta. Non solo: l'apparecchio, proprio perché utilizza onde radio, pare riesca a rilevare la velocità delle automobili anche al buio. Infatti, oltre a radar e telecamera, è dotato di un illuminatore all'infrarosso che ne consente l'utilizzo in qualsiasi condizione ambientale sia di giorno sia di notte.

Cosa può fare

Lo Scout Speed ha una capacità di archiviazione di 10 mila fotogrammi (fino a 5 foto per ogni accertamento, quindi non meno di 2 mila violazioni). È dotato di un sistema di riconoscimento ottico della targa che permette, mediante collegamento alle relative banche dati dei ministeri delle Infrastrutture e dell'Interno, di rilevare in tempo reale sia la mancata copertura assicurativa sia la violazione dell'obbligo di revisione, ma anche l'eventuale fermo amministrativo o la presenza del veicolo nella banca dati di quelli rubati.

Taratura annuale

Come tutte le apparecchiature per il controllo della velocità, anche lo Scout Speed deve essere sottoposto almeno una volta all'anno a verifica di taratura in un laboratorio specializzato e accreditato. Questa informazione deve essere riportata nel verbale di violazione.

Ripresa frontale

In Italia deve essere garantita la riservatezza degli occupanti del veicolo in caso di accertamento della violazione con un'apparecchiatura *ad hoc*. Nel caso dello Scout Speed, tale clausola è garantita anche nel caso di ripresa frontale in quanto lo strumento opera con un illuminatore IR e con un filtro sulla telecamera che non permette il passaggio di frequenze diverse dalla luce infrarossa e che, quindi, oscura, di fatto, il parabrezza. In ogni caso, se dalle risultanze fotografiche dovessero apparire soggetti non coinvolti nell'accertamento dell'infrazione (per esempio pedoni, ciclisti o motociclisti) il comando di polizia, in caso di accesso agli atti, dovrà provvedere a oscurare le relative parti di fotogramma.

Benché lo Scout Speed funzioni in modo totalmente automatico, quando la pattuglia è in movimento gli agenti *devono comunque tenerlo sotto controllo*: non sono pochi i tratti di strada in cui il limite di velocità locale resta invariato per poche centinaia di metri. In questi casi l'agente deve cambiare l'impostazione del limite oltre cui far scattare le sanzioni.

Contestazione immediata della violazione

Come detto, essendo installati a bordo delle auto, gli Scout Speed sono sempre utilizzati con la presenza e sotto il diretto controllo dell'agente di polizia. E **consentono**, *meglio della maggior parte degli apparecchi tradizionali*, **la contestazione immediata della violazione**. Peccato che quasi sempre gli agenti si avvalgano, nella motivazione che giustifica la mancata contestazione immediata, della norma che consente di derogare a questo principio (quando il veicolo è a distanza dal posto di accertamento o non può essere fermato «in tempo utile o nei modi regolamentari»). Anche quando **in realtà** la violazione potrebbe essere tranquillamente contestata sul posto. È l'italica bellezza.

Come scampare al controllo con lo Scout Speed

È quasi impossibile scampare ai controlli con l'autovelox invisibile, ma lo Scout Speed ha comunque dei limiti. In condizioni di traffico intenso – anche senza volerlo – i veicoli possono "ingannare" il "trappolone" a causa dei limiti tecnologici dell'apparecchio: le onde radio si rifrangono contro troppi bersagli senza determinare un risultato.

Scout Speed: dove si trovano

Attualmente in Italia ci sono 32 autovelox "invisibili", ma presto diventeranno 38 e tra i comuni che presto lo adotteranno – come riportato da *Il Sole 24 Ore* – ci sarà anche Milano.

Cosa fare se si viene multati

Come per ogni multa, gli automobilisti possono fare ricorso. Alcuni giudici, nello specifico, hanno messo in discussione la legge per cui i nuovi "trappoloni" possono non essere segnalati. In Sicilia, il Giudice di Pace di Termini Imerese, Luigi Fortunato, ha annullato un ricorso contro una multa per eccesso di velocità emessa con lo Scout Speed, sia per mancata segnalazione, sia per la mancanza del Decreto Prefettizio autorizzativo. Ancora una volta gli automobilisti sono stati sanzionati SENZA rispettare le più elementari basi normative imposte dal Codice della Strada.

Gli elementi messi in evidenza dal Giudice di Pace di Termini Imerese sono gli stessi che troverai nei moduli di ricorso ottenibili dal sito cancellamulte.com. I Comuni di Altomonte, Bagheria, Bisacquino, Borgetto, Campofelice di Roccella, Castronuovo di Sicilia, Ciminna, Contessa Entellina, Lascari, Lercara Friddi, Monreale, Misilmeri, Partinico, Petralia Soprana, Polizzi Generosa, Termini Imerese, Terrasini, Trappeto, Vicari, Villabate e Villafrati sono solo *alcuni* di quelli che ne hanno fatto richiesta.

Appare abbastanza singolare che in una terra patria di note e fiorenti attività criminali, dove il tasso di disoccupazione è alle stelle e la carenza di infrastrutture la fa da padrone, le amministrazioni pubbliche facciano a gara, e soprattutto trovino i fondi, per dotarsi di strumentazione ad alta tecnologia e all'avanguardia con l'unico obiettivo di colpire ancora una volta le tasche degli onesti cittadini, che magari faticano a mettere insieme il pranzo con la cena. Come già detto, trovo che sia davvero un modo singolare di gestire le priorità!

Ti ricordo che lo strumento utilizzato è solo uno degli elementi della multa e che le motivazioni per annullarla, ora lo sai, sono davvero tante. Quindi, anche se dovessi ricevere una sanzione a causa di questo ultimo apparato tecnologico, vale sempre la pena di analizzare il verbale nel suo complesso *prima* di rassegnarsi a pagarlo.

RIEPILOGO DEL CAPITOLO 12:

- SEGRETO n. 1: anche lo Scout Speed DEVE essere presegnalato e quindi NON può essere invisibile.
- SEGRETO n. 2: come tutti gli autovelox, DEVE essere tarato almeno una volta l'anno.
- SEGRETO n. 3: come per tutti gli autovelox e le altre sanzioni previste dal Codice della Strada DEVI essere fermato.
- SEGRETO n. 4: oltre allo strumento utilizzato, valuta e controlla sempre con attenzione tutti i motivi di nullità che hai visto e imparato in precedenza.

Puoi accedere alla nostra consulenza gratuita in qualsiasi momento, vai su cancellamulte.com e segui le istruzioni per chiamarci o scrivici a info@cancellamulte.com o contattaci su whatsapp al numero +39 391 4627497.

Capitolo 13:
Il ricorso per tutor

In un'epoca in cui gli obiettivi fotografici non servono solo per farsi i selfie, la telecamera del **tutor** è diventata uno dei tuoi peggiori nemici. E questo perché, se in presenza dell'autovelox è facile frenare e poi ripartire, la stessa disinvoltura non si può avere quando c'è un controllo della velocità media: lì, o si rispettano i limiti o si subisce inesorabilmente la **multa**.

Ecco perché stiamo assistendo a un progressivo smantellamento dei vecchi box con dentro gli apparecchi che controllavano la velocità istantanea per trovare invece i più evoluti tutor: tutor che, fino all'altro ieri, abbiamo visto solo in autostrada e che *ora invece sono anche sulle strade statali e provinciali*.

Le **trappole dei tutor** però non si esauriscono in una loro maggiore e capillare presenza. I Comuni, infatti, stanno mostrando un atteggiamento più malizioso ed equivoco rispetto a Società

Autostrade; e se anche è vero che l'amministrazione dovrebbe agire in modo trasparente, senza speculare sulle tue spalle di automobilista, sappiamo che non è così. Ecco perché.

L'insidia del cartello

Come noto, ogni controllo elettronico della velocità deve essere presegnalato con un apposito cartello stradale. Senza di esso – o se scarsamente visibile – la multa è illegittima. La giurisprudenza ha anche detto che, se il controllo riguarda la velocità media, ciò va indicato in modo esplicito sulla segnaletica. Questo significa che, in presenza di un tutor, non basta la scritta "controllo elettronico della velocità" ma va rigorosamente riportata la seguente dicitura: **"controllo elettronico della velocità media"**. Tu lo hai mai visto un cartello così?

Cosa fanno poi alcuni Comuni? Spesso prima del tutor vengono piantati due o tre cartelli di preavviso, ma *solo sul primo* è riportata la parola "velocità media", non sui successivi. Ciò può far cadere in equivoco chi guida, che non sempre fa in tempo a leggere tutto il contenuto di un segnale stradale, specie quando è lungo come in questo caso. Leggerà con maggiore attenzione il successivo, ma sarà troppo tardi perché in esso non troverà più la parola **"media"**. Capito come ti fregano?

Facciamo un esempio. Mario sta percorrendo una strada statale a velocità di poco sopra i limiti. D'un tratto trova un cartello con scritto «Attenzione...» Se ne accorge all'ultimo secondo. Il suo sguardo si sposta per leggere il resto dell'avviso «Controllo elettronico della...» Il suo cervello fa in tempo a elaborare il resto del contenuto, senza però poterlo leggere per bene poiché, nel frattempo, l'auto ha superato il segnale. Non sa quindi che dopo la parola "velocità" c'era anche "media". Nel frattempo Mario frena prudentemente. Si guarda attorno e, questa volta a velocità più moderata, riesce a scorgere il secondo cartello che avvisa la presenza di un «Controllo elettronico della velocità a 500 metri». *Questa volta però non si fa alcun riferimento alla velocità media.*

Tutor: vale la tolleranza?

Ci sono alcuni Comuni che elevano le multe da tutor senza applicare la tolleranza del 5%. Questo indirizzo ha trovato, tra gli altri, anche l'avallo del Giudice di Pace di Nola (sentenza n. 3767/2018) secondo il quale la norma che impone il rispetto della tolleranza si applica solo all'autovelox. Il tutor non misura la velocità istantanea ma quella media *con la conseguenza che, con riferimento a esso, l'applicazione della stessa percentuale di riduzione del 5% prevista per l'autovelox è "palesemente illegittima".*

Tutor: come sapere se è davvero attivo?

Non sempre le centrali operative sono in grado di elaborare l'enorme mole di dati che proviene dalle telecamere dei tutor, specie quando in essa confluiscono le informazioni relative a più strade. Così, a volte, i tutor sulle autostrade vengono chiusi a intervalli. Ciò soprattutto con l'avvio dei sistemi successivi a quelli che erano stati bloccati per violazione dei brevetti. In ogni caso, per chi guida cambia poco: quando si transita in corrispondenza di una postazione, NON c'è alcun modo di distinguere se questa è attiva o no.

Cosa controllare per contestare il Tutor

Il verbale, come per gli autovelox, DEVE menzionare la data dell'ultima taratura, se non lo fa è nullo. Inoltre la taratura non deve limitarsi a verificare la sincronizzazione delle due porte.

145

Come impugnare la multa

Se ti arriva una multa stradale per eccesso di velocità effettuata tramite tutor non limitarti a leggere l'importo da pagare e i punti sottratti dalla patente. Come ormai avrai capito, devi subito metterti alla ricerca degli elementi contenuti nella contravvenzione che devono essere verificati attentamente; un minimo errore su di essi, infatti, può comportare l'illegittimità del verbale e renderlo annullabile.

Di recente è stata pubblicata, dal Giudice di Pace di Lodi (sentenza n. 116/2018), una sentenza che elenca le criticità di cui può essere affetta la rilevazione elettronica per erronea taratura. Da questa ho preso le mosse per elencare **cosa controllare per la contestazione della multa tutor**. Vediamo dunque con ordine tutti i punti che ti possono interessare per il ricorso al Giudice di Pace. *Infatti per i tutor gestiti direttamente dalla Polizia Stradale che fa riferimento al Ministero dell'Interno come pure la Prefettura, il consiglio è di fare ricorso al Giudice di Pace. Il Prefetto difficilmente andrebbe contro un ente, la Polizia Stradale, che fa parte della sua "stessa famiglia".*

3. Tutor: controlla l'indicazione della taratura sul verbale

Come già ampiamente documentato, nel 2015, la Corte Costituzionale ha imposto la taratura a tutti i misuratori elettronici della velocità. Questi devono essere sottoposti cioè a revisione almeno una volta all'anno per poterne testare la corretta funzionalità. La direttiva Minniti ha anche chiarito le modalità con cui tale verifica deve essere effettuata. Quindi quanto stabilito per gli autovelox in ordine alla taratura e alle verifiche di funzionamento vale anche per i tutor!

Tutor: controlla cosa è stato oggetto di taratura

Scendendo più nel dettaglio, analizziamo cosa debba essere oggetto di taratura. Il Giudice di Pace di Lodi ha ritenuto insufficiente *la semplice sincronizzazione degli orologi delle due "porte".* Cerchiamo di chiarire meglio. A tutti è noto **come funziona il tutor**: si tratta di un sistema di rilevazione della **velocità media** tenuta in un determinato tratto stradale (non viene quindi determinata la velocità istantanea in uno specifico punto come invece fa l'autovelox).

In particolare, c'è una prima telecamera (detta «porta d'ingresso») che misura l'orario di passaggio dell'auto sincronizzandolo alla targa e c'è poi, dopo alcuni chilometri, una seconda telecamera (detta «porta d'uscita») che fa altrettanto, ossia registra l'ora, il minuto e il secondo esatto in cui il conducente supera detto punto. Il confronto tra i due orari rilevati dalle due postazioni, rapportato alla distanza tra le relative porte, consente di calcolare la velocità media con cui è stato percorso il tratto di strada. Quindi, per calcolare **correttamente** detto tempo di percorrenza, è necessario che gli orologi delle due porte <u>siano sincronizzati</u>.

Ma non basta. Difatti, secondo la sentenza in commento, è incompleta la taratura che si limita a verificare il «corretto sincronismo dell'orologio Gps». In altre parole, la multa non è nulla solo quando la polizia non dimostra che è stata eseguita la **taratura non più di un anno prima**, ma anche quando l'unico controllo effettuato è quello degli orari segnati dagli orologi presenti nelle varie postazioni di rilevamento dei passaggi dei veicoli.

Difatti il sistema **tutor** «è composto da vari elementi, *ognuno dei quali soggetto a specifica taratura*». Come specificato dalla direttiva Minniti (Dm 282/2017), **oltre agli orologi va verificata l'effettiva lunghezza del tratto, da misurare come somma delle linee che si ottengono spostandosi sul bordo interno di ciascuna curva.** Nelle tarature annuali successive, quest'ultima misurazione va ripetuta solo se il tracciato della strada è cambiato. Ricordiamo peraltro che il tutor deve rilevare il tratto più breve di strada tra le due porte (ad esempio le curve devono essere tagliate).

Tutor: taratura da un centro accreditato

Dopo che hai verificato che il verbale riporti la data dell'ultima taratura, puoi sempre prenderne visione presentando un'istanza di accesso agli atti al comando della polizia. Quest'ultima è tenuta a fornire i documenti entro massimo 30 giorni o comunque nel minor tempo necessario a consentire l'esercizio del diritto di difesa davanti al giudice (si ricordi infatti che 30 giorni è anche il termine per presentare ricorso). Dal controllo della taratura deve risultare che quest'ultima sia stata eseguita da un **centro accreditato** (valgono le stesse regole che abbiamo visto per gli autovelox).

RIEPILOGO DEL CAPITOLO 13:

- SEGRETO n. 1: i cartelli che segnalano i tutor, per come sono installati e utilizzati, nascondono una vera e propria insidia per mancanza di adeguata informazione.
- SEGRETO n. 2: la tolleranza, per come applicata, trattandosi di velocità media, è palesemente illegittima.
- SEGRETO n. 3: oltre alla sincronizzazione degli orologi deve essere verificata, con specifica documentazione aggiuntiva, anche la reale distanza tra la porta di ingresso e quella di uscita utilizzate per la rilevazione (tagliando le curve nella misurazione).
- SEGRETO n. 4: a eccezione di ciò che riguarda la misurazione della velocità media, anche per il tutor valgono tutte le regole riferite agli autovelox (vedi capitolo 11).

Puoi accedere alla nostra consulenza gratuita in qualsiasi momento, vai su cancellamulte.com e segui le istruzioni per chiamarci o scrivici a info@cancellamulte.com o contattaci su whatsapp al numero +39 391 4627497.

Capitolo 14:
Le ingiunzioni di pagamento dei Comuni

L'ingiunzione di pagamento dei Comuni

Quando ricevi un'ingiunzione ricordati che il tuo debito è sempre PRESUNTO e per essere certificato REALMENTE come esigibile deve superare un'attenta analisi: la tua! Continua nella lettura e scopri come.

Se il Comune invia l'ingiunzione di pagamento di una contravvenzione conseguente a multa stradale, deve spedire 120 giorni prima una comunicazione con il dettaglio delle iscrizioni a ruolo: la notifica comunque non può avvenire dopo il 31 dicembre del terzo anno successivo a quello in cui l'accertamento è divenuto definitivo.

Le **ingiunzioni di pagamento** inviate dai Comuni agli automobilisti per recuperare il pagamento delle **multe** possono essere spesso nulle per molti motivi, qui ne vediamo quattro:

1. il mancato invio, nei 120 giorni prima, del dettaglio degli

importi iscritti a ruolo;

2. il mancato rispetto del termine di decadenza;

3. l'illegittima maggiorazione semestrale del 10% della contravvenzione;

4. la mancata allegazione del verbale.

Queste le precisazioni arrivate da un'importante sentenza del Giudice di Pace di Taranto (dott. Martino Giocovelli, sentenza n. 1078/2016 del 30.03.2016). Ma procediamo con ordine. Per recuperare gli importi iscritti a ruolo, come nel caso delle **multe** non pagate bonariamente, gli enti locali, anziché avvalersi di Equitalia o di altri agenti della riscossione, possono utilizzare la cosiddetta **ingiunzione fiscale**.

In particolare, a partire dal 23.08.2011, è pacifica la facoltà dei Comuni di utilizzare tale procedura di recupero al fine di riscuotere le sanzioni amministrative. Tuttavia, per tutte le riscossioni successive al 1 gennaio 2013 e che abbiano a oggetto debiti non superiori a 1.000 euro, la notifica dell'ingiunzione, così come l'avvio di pignoramenti o fermi auto, deve essere necessariamente preceduta – *almeno 120 giorni prima* – dall'invio, mediante posta ordinaria, di una comunicazione contenente il **dettaglio delle iscrizioni a ruolo**. Se il Comune invia l'ingiunzione di pagamento *senza* la preventiva comunicazione del dettaglio della posizione debitoria, **l'ingiunzione è nulla**. Attenzione: il dettaglio della posizione debitoria deve necessariamente **precedere** l'ingiunzione e non può essere notificato, in un unico atto, con l'ingiunzione in questione.

Le amministrazioni rispettano **raramente** questa norma, a volte ignorandone l'esistenza, a volte per costituirsi un titolo esecutivo onde procedere più velocemente alla riscossione delle somme vantate nei confronti degli automobilisti, non rispettando così le norme di legge (art. 1 comma 544, L. 228/2012: «In tutti i casi di riscossione coattiva di debiti fino a 1.000 euro ai sensi del decreto del Presidente della Repubblica 29 settembre 1973, n. 602, intrapresa successivamente alla data di entrata in vigore della presente disposizione, salvo il caso in cui l'ente creditore abbia notificato al debitore la comunicazione di inidoneità della documentazione ai sensi del comma 539, non si procede alle azioni cautelari ed esecutive prima del decorso di centoventi giorni dall'invio, mediante posta ordinaria, di una comunicazione contenente il dettaglio delle iscrizioni a ruolo»).

Il termine di decadenza

Il secondo cartellino rosso riguarda il rispetto del **termine di decadenza**. La legge (art. 36 comma 2, D.L. n. 248/2007) stabilisce un preciso **termine** entro cui il Comune deve notificare il titolo esecutivo al contribuente: esso va portato a conoscenza del soggetto multato «entro il 31 dicembre del secondo anno successivo a quello in cui l'accertamento è divenuto definitivo, ovvero entro due anni da quando l'ente creditore ha iscritto a ruolo quel debito, ossia l'ha comunicato all'ente riscossore (art. 1 comma 153, Legge. n. 244/2007)».

Se non sono rispettate queste date ultime, si **decade** dal diritto di procedere alla riscossione delle somme, ovvero non ti possono chiedere più i soldi MA, COME SEMPRE, DEVI ESSERE TU A EVIDENZIARE QUESTI ERRORI, SE NON LO FAI O NON LO FAI PER TEMPO, CADI NELLA TRAPPOLA CHE TI HANNO TESO E SARAI COSTRETTO A PAGARE.

La maggiorazione del 10%

La terza bacchettata riguarda l'illegittima maggiorazione del 10%: essa non è dovuta quando il Comune utilizza l'ingiunzione di pagamento, essendo invece applicabile solo nell'ipotesi in cui sia stata emessa un'ordinanza della Prefettura a seguito di rigetto del ricorso dell'interessato.

Allegazione del verbale e carenza di motivazione

L'ultima ammonizione della sentenza in commento riguarda l'**insufficiente motivazione** dell'ingiunzione: tale vizio scatta tutte le volte in cui il verbale posto alla base dell'emissione della stessa ingiunzione **non risulta allegato**, ma solo richiamato. La legge (art. 3 comma 3, D.L. Vo n. 241/1990 sulla "Motivazione del provvedimento", quale rubrica aggiunta dall'art. 21, L. 11 febbraio 2005, n. 15) infatti stabilisce che: «Se le ragioni della decisione risultano da altro atto dell'amministrazione richiamato dalla decisione stessa, insieme alla comunicazione di quest'ultima **deve essere indicato e reso disponibile**, a norma della presente legge, anche l'atto cui essa si richiama».

In base all'art. 7, comma 1, dello Statuto del contribuente (Legge

212/2000): «*Gli atti dell'amministrazione finanziaria sono motivati secondo quanto prescritto dall'articolo 3 della Legge 7 agosto 1990, n. 241, concernente la motivazione dei provvedimenti amministrativi, indicando i presupposti di fatto e le ragioni giuridiche che hanno determinato la decisione dell'amministrazione. Se nella motivazione si fa riferimento a un altro atto, questo deve essere allegato all'atto che lo richiama*».

La norma appena richiamata rappresenta un corollario imprescindibile del **diritto di difesa del contribuente** costituzionalmente tutelato dall'art. 24.

Ulteriori vizi per ingiunzioni e cartelle di pagamento
Come hai già intuito, anche per queste tipologie di contestazioni puoi difenderti facendo leva su numerose irregolarità. Te ne indico altre quattro:

1. inesistenza del credito azionato per difetto di notifica dei verbali di accertamento delle violazioni al Codice della Strada;
2. illegittimità dell'atto per mancanza di elementi necessari e tutela del destinatario debitore;
3. illegittimità delle maggiorazioni ex art. 27, Legge 689/1981;

4. mancanza di indicazione dei dettagli di calcolo della maggiorazione.

1. Inesistenza del credito azionato per difetto di notifica dei verbali di accertamento delle violazioni al Codice della Strada

L'ingiunzione, o la cartella di pagamento, per essere considerata valida, presuppone la notifica dei verbali di accertamento delle violazioni al Codice della Strada. Quindi, prima di ricevere l'ingiunzione di pagamento devi aver ricevuto la regolare notifica delle multe. Se non ne hai mai avuto conoscenza poiché mai ti sono state recapitate, né ti è stato recapitato e/o consegnato alcun avviso di deposito di una notifica a te indirizzata e, soprattutto, non ne viene consegnata prova documentata e ammissibile in giudizio con deposito di *atti originali*, l'ingiunzione è nulla.

2. Illegittimità dell'atto per mancanza di elementi necessari e tutela del destinatario debitore

La cartella di pagamento e l'ingiunzione fiscale sono da considerarsi atti amministrativi tramite i quali l'ente creditore determina concretamente l'entrata dovuta dal contribuente-trasgressore intimandone il pagamento. Tali atti, quindi, compongono gli elementi *essenziali* e necessari affinché il debitore sia correttamente informato delle somme dovute all'Amministrazione procedente tra cui:

- l'indicazione del debitore;
- l'intimazione a pagare;
- il termine per pagare;
- l'avvertenza che, in difetto, si procederà a esecuzione forzata;
- la motivazione che ne sta alla base;
- l'indicazione del responsabile del procedimento;
- l'indicazione dell'autorità dove è possibile proporre impugnazione;
- le norme di conferimento di tale potere;
- l'ufficio emittente;
- la sottoscrizione dell'atto.

Gli atti devono altresì contenere una chiara indicazione delle modalità di opposizione e dell'autorità competente cui è possibile proporre impugnazione, oltre a riportare in maniera dettagliata gli estremi della violazione al Codice della Strada posta alla base del provvedimento.

Quelli indicati sono elementi *tutti* necessari ed *essenziali* senza i quali gli atti recapitati sono nulli.

3. Illegittimità delle maggiorazioni ex art. 27, Legge 689/1981

Nel caso di una sanzione amministrativa per violazione del Codice della Strada, il conteggio della maggiorazione ex art. 27, Legge n. 689/1981 risulta illegittimo e vessatorio a danno del cittadino. In questo caso, infatti, l'art. 203 del Codice della Strada dispone il raddoppio della multa in caso di mancato pagamento nel termine di 60 giorni dalla notifica e in mancanza di ricorso. Non è dunque, legittimo e rispondente a giustizia calcolare su tale maggiorazione un'ulteriore mora, non potendosi applicare, in tale fattispecie, la previsione di cui all'art. 27, Legge n. 689/1981.

Tralasciando che la riferita maggiorazione di cui alla Legge n. 689/1981 viene calcolata con tassi usurari e con metodi anatocistici, rivalutandosi semestralmente sull'interesse progressivamente maturato, l'applicazione di tale istituto è esclusa nella materia delle violazioni del Codice della Starda da apposita interpretazione giurisprudenziale.

La Suprema Corte di Cassazione, infatti, con sentenza n. 3701/2007, ha dichiarato che, in caso di mancato pagamento di una multa stradale (e di mancato ricorso), il verbale costituisce titolo esecutivo per la riscossione di una somma pari alla metà del massimo edittale, oltre alle spese del procedimento, ma senza applicazione di alcun tasso d'interesse. Per tale motivo, la richiesta di pagamento deve essere disattesa perché illegittima. In sostanza, le multe di per sé già raddoppiano se non pagate nei 60 giorni e gli interessi applicati sulle multe già maggiorate sono **illegali**.

4. Mancanza di indicazione dei dettagli di calcolo della maggiorazione

Quando poi non è specificato il metodo di conteggio della maggiorazione, e praticamente non lo è quasi mai, si determina un'ulteriore criticità dell'ingiunzione di pagamento o della cartella di pagamento, che rende le relative somme inesigibili (cfr. sentenza Corte di Cassazione n. 4516/2012).

Le soluzioni che proponiamo attraverso il sito cancellamulte.com per la gestione delle ingiunzioni sono tutte su misura e calibrate per ogni singolo caso specifico. Ho contribuito ad aiutare centinaia di persone ad annullare ingiunzioni ingiuste, applicando le regole che ti ho appena esposto, che si trattasse di poche centinaia di euro o di migliaia di euro.

N.B. Per difenderti dalle ingiunzioni di pagamento devi farti assistere da un Avvocato e non puoi andare in giudizio da solo, come per le multe.

RIEPILOGO DEL CAPITOLO 14:

- SEGRETO n. 1: le ingiunzioni e le cartelle di pagamento sono nulle se nei 120 giorni prima non ti viene inviato il dettaglio delle iscrizioni a ruolo.

- SEGRETO n. 2: le richieste di pagamento delle ingiunzioni e delle cartelle devono avvenire entro il 31 dicembre del secondo anno successivo a quello in cui l'accertamento è divenuto definitivo, altrimenti sono nulle.

- SEGRETO n. 3: la maggiorazione del 10% che troviamo in questi atti è illegittima.

- SEGRETO n. 4: se gli atti, ovvero le multe che si presumono non pagate, non sono allegati all'ingiunzione o alla cartella di pagamento, puoi annullare tutto per "carenza di motivazione".

- SEGRETO n. 5: se le multe alle quali le cartelle o le ingiunzioni fanno riferimento NON ti sono mai state notificate, le ingiunzioni sono nulle.

- SEGRETO n. 6: se le multe ti sono state notificate ma in udienza non è fornita prova con deposito dei documenti in originale che certificano la corretta notifica, le ingiunzioni o le cartelle notificate sono nulle.

- SEGRETO n. 7: le ingiunzioni o le cartelle di pagamento, come le multe, devono contenere informazioni precise e dettagliate; se non le hanno, sono nulle.

- SEGRETO n. 8: le maggiorazioni ex art. 27 che trovi nelle ingiunzioni di pagamento, sono illegali.

- SEGRETO n. 9: gli atti che ricevi senza la spiegazione dettagliata del conteggio degli interessi o comunque dei conteggi che formano la cartella o l'ingiunzione, sono sempre nulli.

- SEGRETO n. 10: per difenderti dalle ingiunzioni di pagamento devi fare affidamento ad un avvocato e non puoi difenderti da solo come per le multe.

Puoi accedere alla nostra consulenza gratuita in qualsiasi momento, vai su cancellamulte.com e segui le istruzioni per chiamarci o scrivici a info@cancellamulte.com o contattaci su whatsapp al numero +39 391 4627497.

Conclusione

Siamo arrivati alla fine di questo testo e ti assicuro che ho fatto del mio meglio per renderlo di facile lettura e soprattutto comprensibile per chi non ha dimestichezza con la materia legale.

Se sei arrivato fin qui, meriti il mio plauso e la mia stima perché dimostra come tu sia attento alla realtà che ti circonda e anche al tuo portafogli.

Ho cercato di darti tutti gli strumenti per capire come i tuoi diritti sono spesso violati, spiegandoti che ti puoi proteggere da richieste di pagamento ingiuste.

Albert Einstein sosteneva che *la conoscenza rende liberi*. Io aggiungo che non solo ti serve sapere queste cose, ma devi *iniziare* a difenderti *applicando* quello che sai.

Ricorda che i tuoi diritti nascono dalla tua informazione e che puoi accedere alla nostra consulenza gratuita in qualsiasi momento, devi solo andare su cancellamulte.com e seguire le istruzioni per chiamarci o se preferisci, scrivici a info@cancellamulte.com o contattaci su whatsapp al numero +39 391 4627497.

Siamo a tua completa disposizione.

Quando sali in auto, qualunque sia la tua destinazione, noi di cancellamulte.com siamo al tuo fianco.

Alfredo Gaudino

www.ingramcontent.com/pod-product-compliance
Lightning Source LLC
Chambersburg PA
CBHW071555200326
41519CB00021BB/6755